Pourboires

Les chiffres ci-après correspondent à un pourcentage ou sont exprimés en monnaie ~~...~~ à différentes prestati~~...~~ pris, certains employ~~...~~ disse la somme à paye~~...~~

Il est entendu que le ~~...~~ d'appréciation perso~~...~~ rier considérablement, ~~...~~ de l'importance de la ville et de divers autres critères. En l'absence de règles bien précises, les chiffres ci-dessous font référence à des pourboires couramment appliqués dans des grandes villes pour des établissements de classe moyenne.

HÔTEL	
Service, note	15% inclus
Porteur, par bagage	30–50 drs
Chasseur, par course	30 drs
Femme de chambre, par jour	100 drs
Portier, pour héler un taxi	30 drs
RESTAURANT	
Service, addition	15% inclus
Serveur	5% (facultatif)
Vestiaire	20 drs
Toilettes	20 drs
Chauffeur de taxi	10% (facultatif)
Guide touristique	100–200 drs (facultatif)
Coiffeur	10%
Ouvreuse	facultatif

MANUELS DE CONVERSATION BERLITZ

Des manuels de conversation qui ne contiennent pas seulement les mots et expressions indispensables pour vous faire comprendre, mais aussi une transcription phonétique, des renseignements utiles à votre séjour et des recommandations en matière de pourboires.

Allemand	Italien
Américain	Portugais
Anglais	Russe
Espagnol	Yougoslave
Grec	(serbo-croate)

CASSETTES DE CONVERSATION

La plupart des titres sus-mentionnés peuvent être obtenus avec une cassette, qui vous permettra de parfaire votre accent. Le tout accompagné d'un livret de 32 pages reproduisant le texte en deux langues enregistré sur cette bande.

BERLITZ®

GREC
POUR LE VOYAGE

Une publication des Guides Berlitz

13e impression 1989

Printed in Switzerland

Introduction

Vous allez partir pour la Grèce. Ce guide touristique d'un type nouveau est destiné à rendre votre voyage plus agréable et à vous faciliter la tâche.

Le *Grec pour le Voyage* met à votre disposition:

* toutes les phrases et le vocabulaire dont vous aurez besoin;
* une gamme étendue d'informations touristiques et pratiques, de conseils et de renseignements utiles;
* la transcription phonétique des mots et des phrases;
* des tableaux spéciaux tenant compte des réponses possibles de votre interlocuteur. Il vous suffira de lui montrer la phrase adéquate pour qu'il vous en indique la réponse de la même manière. Ce système s'est avéré très pratique dans certaines situations (médecin, réparations de voiture, etc.). La communication s'en trouve facilitée: elle est sûre et rapide;
* une présentation logique qui vous permettra de trouver rapidement l'expression correspondant à une situation donnée;
* un système de repérage instantané par couleurs. Les principaux chapitres figurent au verso du livre; vous trouverez un index complet à l'intérieur.

Voilà quelques-uns des avantages de ce guide qui, en outre, vous permettra de vous familiariser avec la vie en Grèce.

Un chapitre très complet est consacré au restaurant. Vous y trouverez la traduction et parfois la description de presque tous les plats d'une carte. Le guide des achats vous permettra de désigner facilement tout ce que vous désirez. Eprouvez-vous des difficultés avec votre auto? Consultez le guide de la voiture et ses instructions détaillées en deux langues. Vous sentez-vous mal? Notre section médicale est unique en son genre; grâce à elle, vous pourrez vous faire comprendre du médecin en un clin d'œil.

Pour tirer le meilleur profit du *Grec pour le Voyage,* commencez par le «Guide de prononciation», puis passez aux «Quelques expressions courantes». Ainsi, non seulement vous acquerrez un certain vocabulaire, mais vous apprendrez également à prononcer le grec.

Nous tenons à remercier tout particulièrement M. Antoine Baudin pour sa collaboration et le Dr. T.J.A. Bennett, qui a créé le système de transcription. Nous exprimons également notre gratitude à l'Office du Tourisme Grec pour ses précieux conseils.

Par ailleurs, nous serions heureux de recevoir tout commentaire, critique ou suggestion que vous pourriez nous faire en vue d'améliorer les éditions suivantes.

Merci d'avance et bon voyage.

Tout au long de ce livre, les symboles dessinés ici indiquent de petits passages dans lesquels vous trouverez des phrases toutes faites que votre interlocuteur pourrait utiliser. Si vous ne le comprenez pas, donnez-lui le livre et laissez-le pointer la phrase désirée dans sa propre langue. La traduction française est juste à côté.

Une mini-grammaire

Le grec a relativement peu évolué au cours des deux millé-
naires qui ont suivi Périclès, Platon et Alexandre le Grand.
On trouve cependant le grec moderne sous deux formes
principales: la première, qui ne se parle pour ainsi dire pas,
est une langue conservatrice, très proche du grec classique;
on appelle la seconde démotique ou langue courante. C'est
cette dernière que nous utilisons dans ce livre..

Ceux qui ont étudié le grec classique possèdent un grand
avantage, mais feraient bien de prêter attention à certains
détails. Le grec moderne parlé diffère de la langue ancienne
par le nombre des cas, les formes verbales et un usage plus
abondant des prépositions. La prononciation, elle aussi, a
changé. Le β par exemple, prononcé autrefois **b**, est aujour-
d'hui plus proche de **v**.

Articles

En grec, le nom peut être masculin, féminin ou neutre. Il est
précédé d'un article qui le détermine et avec lequel il
s'accorde. Celui-ci correspond exactement à notre article
défini (le, la) ou indéfini (un, une).

	Masculin		**Féminin**		**Neutre**	
Singulier	Déf.	Indéf.	Déf.	Indéf.	Déf.	Indéf.
Nominatif	ὁ	ἕνας	ἡ	μία	τό	ἕνα
Génitif	τοῦ	ἑνός	τῆς	μίας	τοῦ	ἑνός
Accusatif	τό(ν)	ἕνα(ν)	τή(ν)	μία(ν)	τό	ἕνα
Pluriel	Défini		Défini		Défini	
Nominatif	οἱ		οἱ		τά	
Génitif	τῶν		τῶν		τῶν	
Accusatif	τούς		τίς		τά	

Noms

Selon leur fonction dans la phrase, les substantifs grecs changent de terminaison. Comme l'article et l'adjectif épithète subissent des changements analogues, nous vous présentons dans le tableau ci-dessous la déclinaison des trois parties du discours. Le vocatif ne s'utilise que rarement, uniquement pour apostropher quelqu'un.

	Masculin singulier (l'homme bon)	Masculin pluriel (les hommes bons)
Nominatif	ὁ καλός ἄνθρωπος	οἱ καλοί ἄνθρωποι
Génitif	τοῦ καλοῦ ἀνθρώπου	τῶν καλῶν ἀνθρώπων
Accusatif	τό(ν) καλό ἄνθρωπο	τούς καλούς ἀνθρώπους

	Féminin singulier (la femme bonne)	Féminin pluriel (les femmes bonnes)
Nominatif	ἡ καλή γυναίκα	οἱ καλές γυναίκες
Génitif	τῆς καλῆς γυναίκας	τῶν καλῶν γυναικῶν
Accusatif	τή(ν) καλή γυναίκα	τίς καλές γυναίκες

	Neutre singulier (l'enfant bon)	Neutre pluriel (les enfants bons)
Nominatif	τό καλό παιδί	τά καλά παιδιά
Génitif	τοῦ καλοῦ παιδιοῦ	τῶν καλῶν παιδιῶν
Accusatif	τό καλό παιδί	τά καλά παιδιά

Les déclinaisons comportent malheureusement certaines exceptions. Ce tableau se contente de vous donner les principales terminaisons régulières :

	Masculin			Féminin		Neutre		
	Singulier							
Nominatif	-ος	-ας	-ης	-η	-α	-ο	-ι	-α
Génitif	-ου	-α	-η	-ης	-ας	-ου	-ιοῦ	-ατος
Accusatif	-ο	-α	-η	-η	-α	-ο	-ι	-α
	Pluriel							
Nominatif	-οι	-ες	-ες	-ες		-α	-ια	-ατα
Génitif	-ων			-ων		-ων	-ων	-ατων
Accusatif	-ους	-ες	-ες	-ες		-α	-ια	-ατα

Adjectifs

Pour leur déclinaison, voir page précédente. On forme le comparatif au moyen de l'adverbe πιό («plus»). La personne ou l'objet comparé se met à l'accusatif, précédé de la préposition ἀπό (notre conjonction «que»).

'Ο Πέτρος εἶναι πιό πλούσιος ἀπό τόν Μιχάλη.

Pierre est plus riche que Michel.

Pour former le superlatif, il suffit de placer l'article défini devant le comparatif. Il sera alors suivi du cas du complément de nom (génitif).

'Ο Πέτρος εἶναι ὁ πιό πλούσιος τῆς 'Αθήνας.

Pierre est (l'homme) le plus riche d'Athènes.

Les degrés de comparaison de quelques adjectifs se forment irrégulièrement. Ainsi:

καλός	bon	καλύτερος	meilleur	ὁ καλύτερος	le meilleur
κακός	mauvais	χειρότερος	pire	ὁ χειρότερος	le pire

Pronoms personnels

	Nomin.	Accus.	Dat.	Génit.
je, me, mon, ma, mes	ἐγώ	μέ	μοῦ	μου
tu, te, ton, ta, tes	(ἐ)σύ	σέ	σοῦ	σου
il, le, lui, son, sa, ses	αὐτός	τό(ν)	τοῦ	του
elle, la, lui, son, sa, ses	αὐτή	τή(ν)	τῆς	της
il, le, lui, son [n.], ses	αὐτό	τό	τοῦ	του
nous, notre, nos	(ἐ)μεῖς	μᾶς		μας
vous, votre, vos	(ἐ)σεῖς	σᾶς		σας
ils, les, leur(s)	αὐτοί	τούς		} τους
elles, les, leur(s)	αὐτές	τίς		
ils, les, leur(s) [n.]	αὐτά	τά		

Il m'a vu = Μέ εἶδε.   Il m'a donné = Μοῦ ἔδωσε.

La forme du génitif du pronom personnel est employée comme adjectif possessif. Elle suit toujours le nom qu'elle détermine.

τό ὄνομά μου mon nom (lit.: le nom de moi)

Démonstratifs

«Celui-ci» (αὐτός) et «celui-là» (ἐκεῖνος) sont toujours suivis par l'article défini lorsqu'ils précèdent un substantif.

αὐτός ὁ ἄνθρωπος	cet homme
αὐτή ἡ γυναίκα	cette femme
αὐτό τό παιδί	cet enfant

Prépositions

Les prépositions s'utilisent avec l'accusatif. La préposition σέ («dans», «sur», «à») se contracte avec l'article, p.ex. στό, στή, στό.

Verbes

Le verbe grec possède deux types de terminaisons selon qu'il se conjugue à la voie active (terminaison en -ω) ou passive (terminaison généralement en -μαι). En principe, les verbes à terminaison active expriment une action déterminée *par* le sujet, alors que ceux à terminaison passive expriment une action déterminée *sur* le sujet. Malheureusement il y a nombre d'exceptions, tel ἔρχομαι (je viens), qui possède une terminaison passive mais un sens actif.

On n'utilise généralement pas le pronom personnel, puisque la terminaison indique à elle seule le sujet.

Dans le cadre de cette mini-grammaire, il est bien entendu exclu d'entrer dans les détails du système verbal grec. Voici donc les terminaisons du présent actif:

	Singulier	Pluriel
1re personne	-ω	-με
2e personne	-εις	-τε
3e personne	-ει	-ουν

βλέπω je vois

Les terminaisons passives du présent offrent de nombreuses irrégularités.

La plupart du temps, on obtient la forme négative en faisant précéder le verbe par δέν.

'Ο κύριος πεινάει.
L'homme a faim.

'Ο κύριος δέν πεινάει.
L'homme n'a pas faim.

Pour formuler une question, il suffit de changer l'intonation de votre voix. A remarquer l'usage du point-virgule en guise de point d'interrogation.

Verbes auxiliaires

Voici le présent des deux verbes auxiliaires εἶμαι (être) et ἔχω (avoir).

je suis	εἶμαι		j'ai	ἔχω
tu es	εἶσαι		tu as	ἔχεις
il, elle est	εἶναι		il, elle a	ἔχει
nous sommes	εἴμαστε		nous avons	ἔχουμε
vous êtes	εἶστε		vous avez	ἔχετε
ils, elles sont	εἶναι		ils, elles ont	ἔχουν

GRAMMAIRE

Guide de prononciation

L'alphabet

Voici les lettres qui composent l'alphabet grec. La colonne de gauche comprend les majuscules et minuscules imprimées, alors que les lettres écrites figurent dans la colonne centrale. Celle de droite vous indique le nom de ces lettres tel que le prononcent les Grecs.

A	α	*A*	*a*	**alfa**
B	β	*B*	*l*	**vita**
Γ	γ	*Γ*	*γ*	**ga**ma
Δ	δ	*Δ*	*δ*	**ðèlta**
E	ε	*E*	*ε*	**è**psilonn
Z	ζ	*Z*	*J*	**zita**
H	η	*H*	*n*	**ita**
Θ	θ	*θ*	*ð*	**θita**
I	ι	*I*	*c*	**iota**
K	κ	*K*	*u*	**kapa**
Λ	λ	*Λ*	*J*	**lamm**ða
M	μ	*M*	*μ*	**mi**
N	ν	*N*	*ν*	**ni**
Ξ	ξ	*Ξ*	*J*	**ksi**
O	ο	*O*	*ο*	**omikronn**
Π	π	*Π*	*ω*	**pi**
P	ρ	*P*	*ρ*	**ro**
Σ	σ ς	*Σ*	*ς ς*	**sig**ma
T	τ	*T*	*τ*	**taf**
Y	υ	*Y*	*υ*	**ipsilonn**
Φ	φ	*φ*	*φ*	**fi**
X	χ	*X*	*J*	**khi**
Ψ	ψ	*Y*	*ψ*	**psi**
Ω	ω	*ω*	*w*	**omèga**

Il est clair que ce tableau est insuffisant pour prononcer le grec. Nous vous y aidons en vous donnant tout au long de ce livre une prononciation figurée en regard du texte grec.

Ce chapitre et ceux qui le suivent sont destinés à vous familiariser avec notre système de transcription et à vous rendre plus aisée la prononciation du grec.

Le vocabulaire de base pour le voyage, comportant des mots et des expressions, a été réuni sous le titre «Quelques expressions courantes» (pages 16-21).

Les sons en grec

Il s'agit de lire la prononciation comme si c'était du français, à quelques exceptions près, qui figurent ci-dessous. Certes, les sons des deux langues ne correspondent jamais exactement; mais en suivant attentivement nos indications vous n'éprouverez aucune difficulté à lire nos transcriptions et à vous faire comprendre.

Les caractères gras indiquent les syllabes accentuées, qu'il s'agit donc de prononcer avec plus de force. Pour éviter de nasaliser certains sons comme **in, on,** etc., nous avons doublé les consonnes. Exemple: κοντά (**konnda**).

Voyelles

Lettre	Prononciation approximative	Symbole	Exemple	
α	comme a dans lame	a	ἄρωμα	aroma
ε	comme è dans mère	è	μέρα	mèra
η, ι, υ	comme i dans si	i	κύριος	kirioss
o, ω	comme o dans bonne, mais avec la langue placée plus bas et plus à l'arrière de la bouche	o	παρακαλῶ	parakalo

Consonnes

β	comme **v** dans vie	v	βιβλίο	vivlio
γ	1) devant α, ο, ω, ου et devant consonne, plus ou moins comme **r** dans rat	g	μεγάλος	mègaloss
	2) devant ε, αι, η, ι, υ, ει, οι, comme **i** dans iode	y	γεμᾶτος	yèmatoss
δ	comme le **th** de l'anglais **this** (z dit en zézayant)	ð	δέν	ðèn
θ	comme le **th** de l'anglais **thing** (s dit en zézayant)	θ	θά	θa
ζ	comme **z** dans zoo	z	ζεστός	zèstoss
κ	comme **k** dans kilo	k	καλός	kaloss
λ	comme **l** dans long	l	λάθος	laθoss
μ	comme **m** dans mon	m	μέσα	mèssa
ν	comme **n** dans nos	n	νέος	nèoss
ξ	comme **x** dans taxi	ks	ἔξω	èkso
π	comme **p** dans pur	p	πρός	pross
ρ	comme **r** dans bourguignon	r	πρίν	prinn
σ, ς	1) devant β, γ, δ, ζ, μ, ν, ρ, comme **z** dans zoo	z	κόσμος	kozmoss
	2) ailleurs, comme **s** dans sec	s/ss	στό	sto
τ	comme **t** dans ton	t	τότε	totè
φ	comme **f** dans four	f	φέρτε	fèrtè
χ	plus ou moins comme **r** dans croupe	kh	ἄσχημος	askhimoss
ψ	comme **ps** dans laps	ps	διψῶ	ðipso

Groupes de lettres

αι	comme **è** dans mère	è	εἶναι	inè
ει, οι	comme **i** dans si	i	πεῖτε	pitè
ου	comme **ou** dans mou	ou	μοῦ	mou

αυ	1) devant θ, κ, ξ, π, σ, τ, φ, χ, ψ (consonnes sourdes), comme le **a** de m**a** suivi du **f** de **f**ier	af	αὐτό	a**f**to
	2) ailleurs, comme **ave** dans l**ave**	av	Αὔγουστος	a**v**goustoss
ευ	1) devant les consonnes sourdes, comme le **è** de m**è**re suivi du **f** de **f**ier	èf	εὐκάλυπτος	è**f**kaliptoss
	2) ailleurs, comme **ève** dans l**ève**	èv	Εὐρώπη	è**v**ropi
γγ	plus ou moins comme le **ngue** de lo**ngue**	nggh	Ἀγγλία	ann**ggh**lia
γκ	1) au début du mot, comme **g** dans **g**are	gh	γκαμήλα	**gh**amila
	2) à l'intérieur du mot, comme γγ	nggh	ἄγκυρα	ann**ggh**ira
γξ	plus ou moins comme le **nx** de a**nx**ieux	ngks	φάλαγξ	fala**ngks**
γχ	comme γγ mais se terminant avec **r** comme dans c**r**oupe et non pas par **g**	ngkh	μελαγχολία	mèla**ngkh**olia
μπ	1) au début du mot, comme **b** dans **b**as	b	μπορεῖτε	**b**oritè
	2) à l'intérieur du mot, comme **m** suivi de **b**	mb	Ὄλυμπος	oli**mb**oss
ντ	1) au début du mot, comme **d** dans **d**on	d	ντομάτα	**d**omata
	2) à l'intérieur du mot, comme **n** suivi de **d**	nd	κέντρο	kè**nd**ro
τζ	comme **d** suivi de **z**	dz	τζάκι	**dz**aki

Accents

Ils s'écrivent de différentes façons, p.ex. ὰ, ά ou ᾶ, mais leur seule fonction est d'indiquer la syllabe accentuée d'un mot. Il n'est pas nécessaire de tenir compte des signes indiquant l'aspiration ou la non-aspiration d'une voyelle initiale (ἁ ou ἀ). Un tréma au-dessus d'une voyelle a la même fonction qu'en français: il indique que cette voyelle se prononce séparément de la voyelle voisine. Par exemple, καιρός se prononce kè**ross**, alors que Κάϊρο se prononce **ka**iro.

Quelques expressions courantes

Oui.	**Ναί.**	nè
Non.	**Ὄχι.**	okhi
S'il vous plaît.	**Παρακαλῶ.**	parakalo
Merci.	**Εὐχαριστῶ.**	èfkharisto
Merci beaucoup.	**Εὐχαριστῶ πολύ.**	èfkharisto poli
Il n'y a pas de quoi.	**Τίποτα.**	tipota

Salutations

Bonjour.	**Καλημέρα.**	kalimèra
Bonjour.	**Καλησπέρα.**	kalispèra
Bonsoir.	**Καλησπέρα.**	kalispèra
Bonne nuit.	**Καληνύκτα.**	kalinikta
Au revoir.	**Ἀντίο.**	anndio
A bientôt.	**Εἰς τό ἐπανιδεῖν.**	iss to èpanidinn
Voici Monsieur...	**Ὁ κύριος...**	o kirioss
Voici Madame...	**Ἡ κυρία...**	i kiria
Voici Mademoiselle...	**Ἡ δεσποινίδα...**	i dèspinida

Les différences intervenant entre les formes grammaticales dépendent souvent du sexe de la personne qui s'exprime. Nous avons utilisé dans ce livre les formes masculines, sauf dans les cas où le féminin semblait plus approprié.

Enchanté.	Χαίρομαι πού σᾶς γνωρίζω.	khèromè pou sass gnorizo
Comment allez-vous?	Τί κάνετε;	ti kanètè
Très bien, merci.	Πολύ καλά, εὐχαριστῶ.	poli kala èfkharisto
Et vous?	Καί ἐσεῖς;	kè èssiss
Bien.	Πολύ καλά.	poli kala
Excusez-moi.	Μέ συγχωρεῖτε.	mè sinngkhoritè

Questions

Où?	Ποῦ;	pou
Où se trouve...?	Ποῦ εἶναι...;	pou inè
Où se trouvent...?	Ποῦ εἶναι...;	pou inè
Quand?	Πότε;	potè
Quoi?	Τί;	ti
Comment?	Πῶς;	poss
Combien?	Πόσο;	posso
Combien?	Πόσα;	possa
Qui?	Ποιός;	pioss
Pourquoi?	Γιατί;	yiati
Lequel/Laquelle?	Ποιός/Ποιά/Ποιό;	pioss/pia/pio
Comment appelez-vous ceci?	Πῶς λέγεται αὐτό;	poss lèyètè afto
Comment appelez-vous cela?	Πῶς λέγεται ἐκεῖνο;	poss lèyètè èkino
Que veut dire ceci?	Τί σημαίνει αὐτό;	ti simèni afto
Que veut dire cela?	Τί σημαίνει ἐκεῖνο;	ti simèni èkino

Parlez-vous... ?

Parlez-vous anglais?	Μιλᾶτε Ἀγγλικά;	milatè anngghlika
Parlez-vous allemand?	Μιλᾶτε Γερμανικά;	milatè yèrmanika
Parlez-vous français?	Μιλᾶτε Γαλλικά;	milatè galika
Parlez-vous espagnol?	Μιλᾶτε Ἰσπανικά;	milatè ispanika
Parlez-vous italien?	Μιλᾶτε Ἰταλικά;	milatè italika
Pourriez-vous parler plus lentement, s'il vous plaît?	Μπορεῖτε νά μιλᾶτε πιό ἀργά, παρακαλῶ;	boritè na milatè pio arga parakalo
S'il vous plaît, montrez-moi la phrase dans le livre.	Παρακαλῶ δεῖξτε τή φράση στό βιβλίο.	parakalo ðikstè ti frassi sto vivlio
Un instant. Je vais voir si je la trouve dans ce livre.	Ἕνα λεπτό. Θά δῶ ἄν μπορῶ νά τό βρῶ σ' αὐτό τό βιβλίο.	èna lèpto. θa ðo ann boro na to vro safto to vivlio
Je comprends.	Καταλαβαίνω.	katalavèno
Je ne comprends pas.	Δέν καταλαβαίνω.	ðèn katalavèno

Puis-je... ?

Puis-je avoir...?	Μπορῶ νά ἔχω...;	boro na èkho
Pouvons-nous avoir...?	Μπορούμε νά ἔχουμε...;	boroumè na èkhoumè
Pouvez-vous m'indiquer...?	Μπορεῖτε νά μοῦ δείξετε...;	boritè na mou ðiksetè
Pouvez-vous me dire...?	Μπορεῖτε νά μοῦ πεῖτε...;	boritè na mou pitè
Pouvez-vous m'aider, s'il vous plaît?	Μπορεῖτε νά μέ βοηθήσετε, παρακαλῶ;	boritè na mè voiθissètè parakalo

Désirs

J'aimerais...	Θά ἤθελα...	θa iθèla
Nous aimerions...	Θά θέλαμε...	θa θèlamè
Donnez-moi, s'il vous plaît...	Παρακαλῶ, δῶστε μου...	parakalo δostè mou
Donnez–le-moi, s'il vous plaît.	Δῶστε μοῦ το, παρακαλῶ.	δostè mou to parakalo
S'il vous plaît, apportez-moi...	Παρακαλῶ, φέρτε μου...	parakalo δostè mou
Apportez-le-moi, s'il vous plaît.	Φέρτε μοῦ το, παρακαλῶ.	fèrtè mou to parakalo
J'ai faim.	Πεινῶ.	pino
J'ai soif.	Διψῶ.	δipso
Je suis fatigué.	Εἶμαι κουρασμένος.	imè kourazmènoss
Je me suis perdu.	Χάθηκα.	khaθika
C'est important.	Εἶναι σοβαρό.	inè sóvaro
C'est urgent.	Εἶναι ἐπεῖγον.	inè èpigonn
Dépêchez-vous!	Γρήγορα!	grigora

C'est/Il y a...

C'est...	Εἶναι...	inè
Est-ce...?	Εἶναι...;	inè
Ce n'est pas...	Δέν εἶναι...	δèn inè
Il y a...	Ὑπάρχει/Ὑπάρχουν...	iparkhi/iparkhoun
Y a-t-il...?	Ὑπάρχει/Ὑπάρχουν...;	iparkhi/iparkhoun
Il n'y a pas...	Δέν ὑπάρχει/Δέν ὑπάρχουν...	δèn iparkhi/δèn iparkhoun
Il n'y en a pas.	Δέν ὑπάρχει καθόλου/Δέν ὑπάρχουν καθόλου.	δèn iparkhi kaθolou/δèn iparkhoun kaθolou

C'est...

grand/petit	μεγάλος/μικρός	**mè**galoss/mi**kross**
rapide/lent	γρήγορος/ἀργός	**gri**goross/ar**goss**
tôt/tard	νωρίς/ἀργά	no**riss**/arga
bon marché/cher	φθηνός/ἀκριβός	f**θinoss**/akri**voss**
près/loin	κοντά/μακρυά	kon**nda**/ma**kria**
chaud/froid	ζεστός/κρύος	zè**stoss**/**krioss**
plein/vide	γεμᾶτος/ἄδειος	yè**matoss**/a**δioss**
facile/difficile	εὔκολος/δύσκολος	**è**fkoloss/**δi**skoloss
lourd/léger	βαρύς/ἐλαφρός	va**riss**/èla**fross**
ouvert/fermé	ἀνοικτός/κλειστός	ani**ktoss**/kli**stoss**
juste/faux	σωστός/λάθος	so**stoss**/la**θoss**
ancien/nouveau	παληός/καινούργιος	pa**lioss**/kè**nouryioss**
vieux/jeune	γέρος/νέος	**yè**ross/**nè**oss
beau/laid	ὡραῖος/ἄσχημος	o**rèoss**/a**skhimoss**
bon/mauvais	καλός/κακός	ka**loss**/ka**koss**
meilleur/pire	καλύτερος/χειρότερος	kali**tèross**/khi**rotèross**

Quelques prépositions et mots usuels

à	στό	sto
sur	ἐπάνω	**è**pano
dans	μέσα	**mè**ssa
à	πρός	pross
de	ἀπό	apo
dedans	μέσα	**mè**ssa
dehors	ἔξω	**è**kso
en haut	ἐπάνω	**è**pano
en bas	κάτω	kato
avant	πρίν	prinn
après	μετά	**mè**ta
avec	μέ	mè

sans	χωρίς	khoriss
à travers	ἀνάμεσα	anamèssa
vers	πρός	pross
jusqu'à	μέχρι	mèkhri
pendant	κατά τή διάρκεια	kata ti ðiarkia
et	καί	kè
ou	ἤ	i
ne ... pas	δέν	ðèn
rien	τίποτα	tipota
aucun	κανένα	kanèna
très	πολύ	poli
aussi	ἐπίσης	èpississ
bientôt	σύντομα	sinndoma
peut-être	ἴσως	issoss
ici	ἐδῶ	èðo
là	ἐκεῖ	èki
maintenant	τώρα	tora
alors	τότε	totè

Arrivée

Vous voici arrivé. Que vous soyez venu en bateau ou en avion, vous devrez vous soumettre au contrôle des passeports et aux formalités douanières. (Pour le contrôle automobile/contrôle frontalier, voir page 145.)

Vous trouverez probablement sur place quelqu'un qui parle français. C'est pourquoi nous ne consacrons à ce sujet qu'un court chapitre. Ce que vous désirez, c'est vous retrouver sur le chemin de votre hôtel dans le plus bref délai. Voici comment faire pour vous en sortir rapidement.

Passeports

Voici mon passeport.	Ὁρίστε τό διαβατήριό μου.	oristè to ðiavatirio mou
Je resterai...	Θά μείνω..	θa mino
quelques jours	λίγες ἡμέρες	liyèss imèrèss
une semaine	μία ἑβδομάδα	mia evðomaða
deux semaines	δύο ἑβδομάδες	ðio evðomaðèss
un mois	ἕνα μήνα	èna mina
Je ne sais pas encore.	Δέν ξέρω ἀκόμα.	ðèn ksèro akoma
Je suis ici en vacances.	Εἶμαι ἐδῶ γιά διακοπές.	imè eðo yia ðiakopèss
Je suis ici pour affaires.	Εἶμαι ἐδῶ γιά δουλειά.	imè eðo yia ðoulia
Je suis en transit.	Περνῶ μόνο.	pèrno mono

Si des difficultés surgissent:

Excusez-moi. Je ne comprends pas.	Μέ συγχωρεῖτε, δέν καταλαβαίνω.	mè sinngkhoritè ðèn katalavèno
Y a-t-il quelqu'un ici qui parle français?	Ὑπάρχει κάποιος ἐδῶ πού μιλάει Γαλλικά;	iparkhi kapioss eðo pou milai galika

Douane

Le tableau suivant indique ce que vous pouvez importer en Grèce sans avoir de droits de douane à payer.

	Cigarettes		Cigares		Tabac	Alcool	Vin
1)	300	ou	75	ou	400 g	1,5 l et	5 l
2)	200	ou	50	ou	250 g	1 l ou	2 l
3)	400	ou	100	ou	900 g	Voir ¹) et ²)	

¹) Personnes résidant en Europe; articles non détaxés, acquis dans un pays membre de la CEE (alcools: franchise accordée également aux personnes résidant hors d'Europe).
²) Personnes résidant en Europe; articles acquis en dehors de la CEE ou, détaxés, dans un pays membre de la CEE (alcools: franchise accordée également aux personnes résidant hors d'Europe).
³) Personnes ne résidant pas en Europe.

Outre vos effets personnels, vous pouvez passer un appareil de photo, quelques films, une paire de jumelles, une machine à écrire, un transistor, des bandes magnétiques, des instruments de musique et un équipement sportif. Vous êtes normalement tenu de les déclarer à l'entrée, mais il est vraisemblable qu'on ne vous le demandera même pas.

Je n'ai rien à déclarer.	Δέν ἔχω νά δηλώσω τίποτα.	δèn èkho na δilosso tipota
J'ai...	Ἔχω...	ekho
une cartouche de cigarettes	μία κούτα τσιγάρα	mia kouta tsigara
une bouteille de whisky	ἕνα μπουκάλι οὐΐσκυ	èna boukali ouïski
Dois-je payer pour ceci?	Πρέπει νά πληρώσω γι'αὐτά;	prèpi na plirosso yafta
Combien?	Πόσο;	posso
C'est pour mon usage personnel.	Εἶναι γιά προσωπική χρήση.	inè yia prossopiki khrissi
Ce n'est pas neuf.	Δέν εἶναι καινούργιο.	δèn inè kènouryio

☞ 　　　　　　　　　　　　　　　　　　🖙

'Ανοίξτε αὐτή τήν τσάντα παρακαλῶ. — Veuillez ouvrir ce sac.

Θά πρέπει νά πληρώσετε φόρο γι'αὐτό. — Vous devez payer une taxe sur ceci.

Παρακαλῶ, πληρῶστε στό γραφεῖο, ἐκεῖ. — Payez au bureau là-bas, s'il vous plaît.

Ἔχετε ἄλλες ἀποσκευές; — Avez-vous d'autres bagages?

Bagages – Porteurs

Français	Grec	Prononciation
Porteur!	'Αχθοφόρε!	akhθoforè
Pouvez-vous m'aider à porter mes bagages?	Μπορεῖτε νά μέ βοηθήσετε μέ τίς ἀποσκευές μου;	boritè na mè voiθissètè mè tiss aposkèvèss mou
C'est à moi.	Αὐτό εἶναι δικό μου.	afto inè ðiko mou
C'est mon/ma...	Αὐτή εἶναι ἡ... μου.	afti inè i... mou
sac/valise	τσάντα/βαλίτσα	tsannda/valitsa
Ce/Cette ... là.	Αὐτή ἡ...	afti i
grand/petit	μεγάλη/μικρή	mègali/mikri
bleu/brun	μπλέ/καφέ	blè/kafè
noir/écossais	μαύρη/καρρώ	mavri/karro
Il en manque un/une.	Λείπει μία.	lipi mia
Emportez ces bagages au...	Πηγαίνετε αὐτές τίς ἀποσκευές στό...	piyènètè aftèss tiss aposkèvèss sto
taxi/bus	ταξί/λεωφορεῖο	taksi/lèoforio
Appelez-moi un taxi, s.v.p.	Καλέστε ἕνα ταξί, παρακαλω.	kalèstè èna taksi parakalo
Combien vous dois-je?	Πόσο κάνει αὐτό;	posso kani afto
Où sont les chariots à bagages?	Ποῦ εἶναι τά καρότσια ἀποσκευῶν;	pou inè ta karotsia aposkèvonn

POURBOIRE, voir page 1

Change

Vous trouverez une banque dans la plupart des aéroports. Si elle est fermée, ne vous inquiétez pas. Vous pourrez changer de l'argent à votre hôtel. Tous les détails concernant l'argent et les changes vous sont indiqués aux pages 134 à 136.

Pouvez-vous me changer un chèque?	Μπορεῖτε νά ἐξαργυρώσετε ἕνα τσέκ;	boritè na èksaryirossètè èna tsèk
J'aimerais changer des...	Θά ἤθελα νά ἀλλάξω μερικά...	θa iθèla na alakso mèrika
chèques de voyage	τράβελερς τσέκ	travèlèrss tsèk
francs belges	φράγκα βελγικά	frannggha vèlyika
francs français	φράγκα γαλλικά	frannggha galika
francs suisses	φράγκα ἐλβετικά	frannggha èlvètika
Où est le bureau de change le plus proche?	Ποῦ εἶναι τό κοντινότερο γραφεῖο συναλλάγματος;	pou inè to konndinotèro grafio sinalagmatoss
Quel est le taux de change?	Ποιά εἶναι ἡ τιμή συναλλάγματος;	pia inè i timi sinalagmatoss

Directions

Comment va-t-on à...	Πῶς μπορῶ νά πάω στό...;	poss boro na pao sto
Y a-t-il un bus pour la ville?	Ὑπάρχει ἕνα λεωφορεῖο γιά τή πόλη;	iparkhi èna lèoforio yia ti poli
Où puis-je trouver un taxi?	Ποῦ μπορῶ νά βρῶ ἕνα ταξί;	pou boro na vro èna taksi
Où puis-je louer une voiture?	Ποῦ μπορῶ νά νοικιάσω ἕνα αὐτοκίνητο;	pou boro na nikiasso èna aftokinito

Réservations d'hôtel

Si vous le pouvez, il est évidemment plus sûr de réserver à l'avance. Mais si vous ne l'avez pas fait?

De nombreux centres d'arrivée possèdent un service de réservation d'hôtel ou un bureau d'information touristique. Il y a parfois un téléphone spécial qui vous met en communication avec un service de réservation ou un hôtel déterminé.

NOMBRES, voir page 175

Location de voitures

Il y a des agences de location dans la plupart des aéroports et centres d'arrivée. En haute saison, il est prudent de réserver au moins un jour à l'avance.

J'aimerais une...	Θά ἤθελα ἕνα...	tha ithèla èna
voiture	αὐτοκίνητο	aftokinito
petite voiture	μικρό αὐτοκίνητο	mikro aftokinito
grande voiture	μεγάλο αὐτοκίνητο	mègalo aftokinito
voiture de sport	αὐτοκίνητο σπόρ	aftokinito spor
Je la voudrais pour...	Θά τό ἤθελα γιά...	tha to ithèla yia
un jour	μία ἡμέρα	mia imèra
quatre jours	τέσσερεις ἡμέρες	tèssèriss imèrèss
une semaine	μία ἑβδομάδα	mia èvðomaða
deux semaines	δύο ἑβδομάδες	ðio ènðomaðèss
Quel est le tarif par jour?	Ποιά εἶναι ἡ τιμή γιά μία ἡμέρα;	pia inè i timi yia mia imèra
Quel est le tarif par semaine?	Ποιά εἶναι ἡ τιμή γιά μία ἑβδομάδα;	pia inè i timi yia mia èvðomaða
Est-ce le prix hors saison/pleine saison?	Αὐτή εἶναι ἡ τιμή τῆς νεκρῆς/τουριστικῆς ἐποχῆς;	avti inè i timi tiss nèkriss/touristikiss èpokhiss
Le kilométrage est-il compris?	Ἡ τιμή περιλαμβάνει τά χιλιόμετρα;	i timi pèrilammvani ta khiliomètra
L'essence est-elle comprise?	Ἡ βενζίνη περιλαμβάνεται;	i vènzini pèrilammvanètè
L'assurance tous risques est-elle comprise?	Περιλαμβάνεται μικτή ἀσφάλεια;	pèrilammvanètè mikti asfalia
Quelle est la caution?	Πόση εἶναι ἡ ἐγγύηση;	possi inè i èngghiissi
J'ai une carte de crédit.	Ἔχω μία πιστωτική κάρτα.	èkho mia pistotiki karta

Remarque: En principe, les étrangers sont tenus, pour louer un véhicule en Grèce, de présenter un permis international; dans la pratique, cependant, est accepté tout permis national délivré depuis au moins un an.

Voici mon permis de conduire.	Ὁρίστε ἡ ἄδεια ὁδηγήσεώς μου.	oristè i aðia oðiyissèoss mou

EXCURSIONS, voir page 75

Taxi

Tous les taxis ont un compteur. Mais mieux vaut vous informer du prix approximatif de la course avant de monter. Certaines courses (par exemple aéroport-ville) sont soumises à un tarif fixe, affiché à l'aéroport.

En Grèce, le pourboire est en principe compris dans le prix de la course. Il est pourtant d'usage d'arrondir à la drachme supérieure.

Où puis-je trouver un taxi ?	Ποῦ μπορῶ νά βρῶ ἕνα ταξί;	pou boro na vro èna taksi
Appelez-moi un taxi, s.v.p.	Βρεῖτε μου ἕνα ταξί, παρακαλῶ.	vritè mou èna taksi parakalo
Quel est le tarif pour...	Ποιά εἶναι ἡ τιμή γιά...;	pia inè i timi yia
A quelle distance se trouve ?	Πόσο μακρυά εἶναι...;	posso makria inè
Conduisez-moi...	Νά μέ πᾶτε...	na mè patè
à cette adresse	σ'αὐτή τήν διεύθυνση	safti tinn dièfθinnssi
au centre-ville	στό κέντρο τῆς πόλης	sto kèndro tiss poliss
à l'hôtel...	στό ξενοδοχεῖο...	sto ksènoδokhio
Tournez à gauche (à droite) au prochain coin de rue.	Στρῖψτε ἀριστερά (δεξιά) στήν ἐπόμενη γωνία.	stripstè aristèra (δèksia) stinn èpomeni gonia
Continuez tout droit.	Πηγαίνετε ἴσια.	piyènètè issia
Arrêtez-vous ici, s.v.p.	Σταματῆστε ἐδῶ, παρακαλῶ.	stamatistè èδo parakalo
Je suis pressé.	Εἶμαι βιαστικός.	imè viastikoss
Ne vous pressez pas.	Μή βιάζεστε.	mi viazèstè
Pourriez-vous rouler plus lentement ?	Μπορεῖτε νά ὁδηγεῖτε πιό ἀργά;	boritè na oδiyitè pio arga

Hôtel – Logement

En saison, réservations et confirmations sont indispensables dans la plupart des centres touristiques. Presque toutes les villes et les centres d'arrivée possèdent un service d'information touristique. En cas de besoin, on vous y aidera à trouver une chambre.

ξενοδοχείο (ksènoδokhio)	Hôtel. On trouve en Grèce une forte proportion d'hôtels de construction moderne, classés par le gouvernement en six catégories selon le confort proposé. A part la catégorie «de luxe», les classes s'échelonnent de A à E. Beaucoup d'hôtels peuvent exiger que vous preniez la demi-pension ou la pension complète.
μοτέλ (motèl)	Motel. Quelques-uns ont été construits ces dernières années le long des routes les plus importantes.
πανδοχείο (pannδokhio)	Auberge. On en rencontre dans les petites villes. Elles proposent un confort simple mais de qualité.
πανσιόν (pannsionn)	Pension. Elles sont situées dans les villes. On y trouve chambre et pension à des prix modérés.

Ξενόνας νεότητας (ksè**nonnass** nèotitass – auberge de jeunesse): elles offrent des conditions d'hébergement avantageuses, mais leur nombre ne dépasse guère la douzaine. De même les Unions Chrétiennes de Jeunes Gens ou de Jeunes Filles, X.A.N. (khann) et X.E.N. (khèn) situées dans les villes, disposent de chambres bon marché. Dans les bourgades et les villages des îles vous verrez fréquemment l'inscription Ἐνοικιάζονται δωμάτια (chambres à louer).

Si vous projetez de séjourner plusieurs semaines au même endroit, vous ne perdrez rien à examiner les conditions de location des ἐπιπλωμένα διαμερίσματα (èpiplo**mèna** δiamè-**riz**mata – appartements meublés) et des μπανγκαλόους (bann**ggha**loouss – bungalows) que vous trouverez aisément dans les villes côtières et les stations balnéaires.

Dans ce chapitre, nous nous occupons des hôtels et pensions de catégorie moyenne et inférieure. Vous n'aurez aucun problème de langue dans les hôtels de luxe ou de première classe, où la plupart des membres du personnel ont l'habitude de s'exprimer en plusieurs langues.

Dans les pages qui suivent, nous examinons vos problèmes un à un, du début à la fin de votre séjour. Il n'est pas nécessaire de lire tout ce qui suit à la fois; reportez-vous aux pages qui concernent votre situation précise.

Formalités d'arrivée – Réception

Je m'appelle...	Τό ὄνομά μου εἶναι...	to onoma mou inè
J'ai réservé une chambre.	Ἔχω κρατήσει δωμάτιο.	èkho kratissi ðomatio
Nous avons réservé deux chambres, une à un lit, l'autre à deux lits.	Κρατήσαμε δύο δωμάτια, ἕνα μονό καί ἕνα διπλό.	kratissamè ðio ðomatia èna mono kè èna ðiplo
Je vous ai écrit le mois dernier. Voici la confirmation.	Σᾶς ἔγραψα τό περασμένο μήνα. Ὁρίστε ἡ ἐπιβεβαίωση.	sass ègrapsa to pèrazmèno mina. oristè i èpivèvèosi
J'aimerais...	Θά ἤθελα...	θa iθèla
une chambre à un lit	ἕνα μονό δωμάτιο	èna mono ðomatio
une chambre à deux lits	ἕνα διπλό δωμάτιο	èna ðiplo ðomatio
deux chambres à un lit	δύο μονά δωμάτια	ðio mona ðomatia
une chambre avec	ἕνα δωμάτιο μέ δύο	èna ðomatio mè ðio
deux lits jumeaux	κρεββάτια	krèvatia
avec salle de bains	μέ μπάνιο	mè banio
avec douche	μέ ντούς	mè douss
avec balcon	μέ μπαλκόνι	mè balkoni
avec vue	μέ θέα	mè θèa
une suite	μία σουΐτα	mia souïta
Nous aimerions une chambre...	Θά θέλαμε ἕνα δωμάτιο...	θa θèlamè èna ðomatio
sur la rue	στή πρόσοψη	sti prossopsi
sur l'arrière	στό πίσω μέρος	sto pisso mèross
avec vue sur la mer	πρός τή θάλασσα	pross ti θalassa
sur la cour	πρός τήν αὐλή	pross tinn avli

Il nous faut le calme.	Πρέπει νά είναι ήσυχο.	prèpi na inè issikho
Je préférerais quelque chose plus haut (plus bas).	Θά προτιμοῦσα κάτι πιό ψηλά (χαμηλά).	θa protimoussa kati pio psila (khamila)
Y a-t-il...?	Ὑπάρχει...;	iparkhi
air conditionné	κλιματισμός	klimatizmoss
chauffage	θέρμανση	θèrmannsi
radio/télévision dans la chambre	ραδιόφωνο/τηλεό- ραση στό δωμάτιο	raðiofono/tilèorassi sto ðomatio
eau chaude	ζεστό νερό	zèsto nèro
eau courante	τρεχούμενο νερό	trèkhoumèno nèro
toilettes particulières	ἰδιωτική τουαλέττα	iðiotiki toualèta
blanchisserie	πλυντήριο	plinndirio

Combien?

Quel est le prix...?	Πόσο κοστίζει...;	posso kostizi
pour une semaine	τήν ἑβδομάδα	tinn èvðomaða
pour une nuit	τήν ἡμέρα	tinn imèra
pour la chambre et le petit déjeuner	τό δωμάτιο καί τό πρόγευμα	to ðomatio kè to proyèvma
sans les repas	χωρίς τά γεύματα	khoriss ta yèvmata
de la pension complète	μέ τά τρία γεύματα	mè ta tria yèvmata
Le prix comprend- il...?	Ἡ τιμή περι- λαμβάνει...;	i timi pèrilammvani
le petit déjeuner	τό πρόγευμα	to proyèvma
les repas	τά γεύματα	ta yèvmata
le service	τό ποσοστό ὑπηρεσίας	to possosto ipirèssiass
Y a-t-il une réduction pour les enfants?	Ὑπάρχει ἔκπτωση γιά τά παιδιά;	iparkhi èkptossi yia ta pèðia
Faut-il payer pour le bébé?	Τό μωρό πληρώνει;	to moro plironi
C'est trop cher.	Εἶναι πολύ ἀκριβά.	inè poli akriva
N'avez-vous rien de meilleur marché?	Δέν ἔχετε κάτι πιό φτηνό;	ðèn èkhètè kati pio ftino

NOMBRES, voir page 175

Combien de temps

Nous resterons...	Θά μείνουμε...	θa minoumè
une nuit seulement	μόνο μία νύκτα	mono mia nikta
quelques jours	λίγες ἡμέρες	liyèss imèrèss
une semaine	μία ἑβδομάδα	mia èvδomaδa
(au moins)	(τουλάχιστον)	(toulakhistonn)
Je ne sais pas encore.	Δέν ξέρω ἀκόμη.	δèn ksèro akomi

Décision

Puis-je voir la chambre?	Μπορῶ νά δῶ τό δωμάτιο;	boro na δo to δomatio
Non, elle ne me plaît pas.	Ὄχι, δέν μοῦ ἀρέσει.	okhi δèn mou arèssi
Elle est trop...	Εἶναι πολύ...	inè poli
froide/chaude	κρῦο/ζεστό	krio/zesto
sombre/petite	σκοτεινό/μικρό	skotino/mikro
bruyante	ἔχει πολύ θόρυβο	èkhi poli θorivo
Non, cela ne va pas du tout.	Ὄχι, αὐτό δέν κάνει καθόλου.	okhi afto δèn kani kaθolou
J'ai demandé une chambre avec salle de bains.	Ζήτησα δωμάτιο μέ μπάνιο.	zitissa δomatio mè banio
N'avez-vous rien de...	Ἔχετε κάτι...;	èkhètè kati
mieux	καλύτερο	kalitèro
meilleur marché	φθηνότερο	fθinotèro
plus grand	μεγαλύτερο	mègalitèro
plus tranquille	πιό ἥσυχο	pio issikho
Avez-vous une chambre avec une plus jolie vue?	Ἔχετε ἕνα δωμάτιο μέ καλύτερη θέα;	èkhètè èna δomatio mè kalitèri θèa
C'est bien. Je la prends.	Εἶναι ἐντάξει. Θά τό πάρω.	inè èndaksi. θa to paro

La note

D'habitude elle se règle chaque semaine, ou, si vous restez moins longtemps, au moment du départ. La plupart des hôtels accordent une réduction aux jeunes enfants.

JOURS DE LA SEMAINE, voir page 181

Pourboires

Le service (15 %) est en principe compris dans la note, mais vous pouvez demander :

Le service est-il compris ?	Περιλαμβάνεται τό ποσοστό ὑπηρεσίας;	pèrilamm**van**ètè to poss**osto** ipirè**ss**iass

Laissez un pourboire au porteur qui monte vos bagages dans votre chambre et au garçon d'étage lorsqu'il vous rend de menus services.

Déclaration de séjour

A votre arrivée à l'hôtel ou à la pension, on vous demandera de remplir une fiche d'hôtel (ἔντυπο – **èn**dipo). On s'informera de votre nom, de votre adresse permanente, du numéro de votre passeport et de la destination de votre voyage. La formule d'inscription comportera probablement une traduction française. Si tel n'est pas le cas, demandez au réceptionniste :

Qu'est-ce que cela signifie ?	Τί σημαίνει αὐτό;	ti si**mè**ni afto

L'employé vous demandera certainement votre passeport. Il le gardera peut-être un moment, voire jusqu'au lendemain. Il pourra vous poser les questions suivantes :

Μπορῶ νά δῶ τό διαβατήριό σας;	Puis-je voir votre passeport ?
Παρακαλῶ, συμπληρῶστε αὐτό τό ἔντυπο.	Voulez-vous remplir cette fiche, s.v.p.
Ὑπογράψτε ἐδῶ, παρακαλῶ.	Signez ici, s.v.p.
Πόσο καιρό θά μείνετε;	Combien de temps pensez-vous rester ?

Quel est le numéro de ma chambre ?	Ποιός εἶναι ὁ ἀριθμός τοῦ δωματίου μου;	pioss inè o ari**θ**moss tou **δo**matiou mou
Voulez-vous faire monter nos bagages ?	Θά στείλετε τίς ἀποσκευές μας ἐπάνω;	θa **stil**ètè tiss aposkè**vèss** mass è**pa**no

POURBOIRE, voir aussi page 1

Service, s.v.p.

Vous voilà confortablement installé. Nous vous présentons quelques membres du personnel.

le chasseur	ὁ γκρούμ	o ghroum
le directeur	ὁ διευθυντής	o dièfθinndiss
la femme de chambre	ἡ καμαριέρα	i kamarièra
la téléphoniste	ἡ τηλεφωνήτρια	i tilèfonitria
le valet de chambre	ὁ καμαριέρης	o kamarièriss

Lorsque vous appelez pour le service, le mieux est de vous adresser au garçon par Παρακαλῶ (parakalo – s. v. p.).

Menus services

Demandez à la femme de chambre de monter, s.v.p.	Παρακαλῶ, ζητεῖστε στή καμαριέρα νά ἔλθη ἐπάνω.	parakalo zitistè sti kamarièra na èlθi èpano
Qui est là?	Ποιός εἶναι;	pioss inè
Un instant.	Ἕνα λεπτό.	èna lèpto
Entrez.	Περάστε.	pèrastè
Y a-t-il une salle de bains à cet étage?	Ὑπάρχει μπάνιο σ'αὐτό τόν ὄροφο;	iparkhi banio safto tonn orofo
Comment fonctionne cette douche?	Πῶς λειτουργεῖ αὐτό τό ντούς;	poss litouryi afto to douss
Faites-nous monter, s.v.p...	Παρακαλῶ, στεῖλτε ἐπάνω...	parakalo stiltè èpano
deux cafés	δύο καφέδες	δio kafèdèss
un sandwich	ἕνα σάντουϊτς	èna sanndouits
deux gin-tonics	δύο τζίν μέ τόνικ	δio dzinn mè tonik
Pouvons-nous prendre le petit déjeuner dans notre chambre?	Μποροῦμε νά ἔχουμε τό πρόγευμα στό δωμάτιό μας;	boroumè na èkhoumè to proyèvma sto δomatio mass
J'aimerais déposer ceci dans votre coffre-fort.	Θά ἤθελα νά ἀφήσω αὐτά στό χρηματοκιβώτιό σας.	θa iθèla na afisso afta sto khrimatokivotio sass
Pouvez-vous me trouver une garde d'enfants?	Μπορεῖτε νά μοῦ βρεῖτε μία μπέϊμπυ σίτερ;	boritè na mou vritè mia bèïbi siter

Puis-je avoir...?	Μπορῶ νά ἔχω...;	boro na èkho
une aiguille et du fil	βελόνα καί κλωστή	vèlona kè klosti
une bouillotte	μία θερμοφόρα	mia thèrmofora
un cendrier	ἕνα σταχτοδοχεῖο	èna staktodokhio
d'autres cintres	περισσότερες κρεμάστρες	pèrissotèrèss krèmastrèss
une couverture supplémentaire	μία ἐπιπλέον κουβέρτα	mia èpiplèonn kouvèrta
des enveloppes	μερικούς φακέλλους	mèrikouss fakèlouss
de la glace	πάγο	pago
du papier à lettres	χαρτί ἀλληλογραφίας	kharti alilografiass
du savon	σαπούνι	sapouni
une serviette de bain	μία πετσέτα τοῦ μπάνιου	mia pètsèta tou baniou
Où est/sont...?	Ποῦ εἶναι...;	pou inè
le bar	τό μπάρ	to bar
la parfumerie	τό κατάστημα καλλυντικῶν	to katastima kalinndikon
le restaurant	τό ἑστιατόριο	to èstiatorio
la salle de bains	τό μπάνιο	to banio
le salon de beauté	τό ἰνστιτοῦτο καλλονῆς	to innstitouto kaloniss
la salle à manger	ἡ τραπεζαρία	i trapèzaria
la salle de télévision	ἡ αἴθουσα τηλεόρασης	i thèoussa tilèorassiss
le salon de coiffure	τό κομμωτήριο	to komotirio
les toilettes	ἡ τουαλέττα	i toualèta

Petit déjeuner

Le petit déjeuner grec n'est généralement pas copieux. Il comprend en tout et pour tout une tasse de café ou de thé avec un petit pain. Dans certains hôtels vous pouvez demander un petit déjeuner plus consistant.

J'aimerais...	Θά πάρω...	θa paro
jus de fruit grapefruit/orange	χυμό φρούτου γκρέηπ-φρουτ/ πορτοκάλι	khimo froutou ghrèip-frout/portokali
ananas/tomate	ἀνανά/ντομάτα	anana/domata
œufs	αὐγά	avga
œufs au bacon	μπέικον μέ αὐγά	bèikonn mè avga
œufs brouillés	αὐγά χτυπημένα	avga khtipimèna
œuf à la coque	βραστό αὐγό	vrasto avgo

mollet/moyen/ dur	μελάτο/μέτριο/ σφικτό	mèlato/mètrio/sfikto
œufs au jambon	ζαμπόν καί αὐγά	zammbonn kè avga
œuf au plat	αὐγό τηγανιτό	avgo tiganito
œuf poché	αὐγό ποσέ	avgo possè
omelette	ὀμελέττα	omelèta
saucisses	λουκάνικα	loukanika
Puis-je avoir...?	Μπορῶ νά ἔχω...;	boro na èkho
lait chaud/froid	ζεστό/κρῦο γάλα	zèsto/krio gala
crème/sucre	κρέμα/ζάχαρη	krèma/zakhari
plus de beurre	περισσότερο βούτυρο	pèrissotèro voutiro
sel/poivre	ἁλάτι/πιπέρι	alati/pipèri
café/thé	καφέ/τσάϊ	kafè/tsaï
chocolat	κακάο	kakao
citron/miel	λεμόνι/μέλι	lèmoni/mèli
Pouvez-vous m'apporter...?	Μπορεῖτε νά μοῦ φέρετε ἕνα...;	boritè na mou fèrètè èna
assiette	πιάτο	piato
couteau	μαχαίρι	makhèri
cuillère	κουτάλι	koutali
fourchette	πηρούνι	pirouni
tasse	φλυτζάνι	flidzani
verre	ποτήρι	potiri

Remarque: Vous trouverez encore quantité d'autres plats dans notre guide «Restaurant» (pages 38-64). Vous pourrez vous y référer pour les menus du déjeuner et du dîner.

Problèmes

Le/La/Les... ne fonctionne(nt) pas.	... δέν λειτουργεῖ.	... ðèn litouryi
chauffage	ἡ θέρμανση	i thèrmannsi
climatisation	τό σύστημα κλιματισμοῦ	to sistima klimatizmou
lumière	τό φῶς	to foss
robinet	ἡ βρύση	i vrissi
système d'aération	τό σύστημα ἐξαερισμοῦ	to sistima èksaèrizmou
toilettes	ἡ τουαλέττα	i toualèta
ventilateur	ὁ ἀνεμιστήρας	o anèmistirass
Le lavabo est bouché.	Ὁ νιπτήρας εἶναι βουλωμένος.	o niptirass inè voulomènoss

La fenêtre est bloquée.	Τό παράθυρο δέν ἀνοίγει.	to paraθiro δèn aniyi
Le store est coincé.	Τό ἐξώφυλλο εἶναι σκαλωμένο.	to èksofilo inè skalomèno
Ce n'est pas mon linge.	Αὐτά δέν εἶναι τά ροῦχα μου.	afta δèn inè ta roukha mou
Il n'y a pas d'eau chaude.	Δέν ἔχει ζεστό νερό.	δèn èkhi zèsto nèro
J'ai perdu ma montre.	Ἔχασα τό ρολόϊ μου.	èkhassa to roloï mou
J'ai laissé ma clé dans la chambre.	Ἄφησα τό κλειδί μου στό δωμάτιό μου.	afissa to kliδi mou sto δomatio mou
L'ampoule a sauté.	Ἡ ἀμπούλα ἔσπασε.	i ammboula èspassè
Le/La/L'... ne marche pas.	... ἔσπασε.	... èspassè
interrupteur	ὁ διακόπτης	o δiakoptiss
lampe	ἡ λάμπα	i lammba
prise	ἡ πρίζα	i priza
store vénitien	τό ρολό	to rolo
volet	τό ἐξώφυλλο	to èksofilo
Pouvez-vous le faire réparer ?	Μπορεῖτε νά τό διορθώσετε;	boritè na to δiorθossètè

Téléphone – Courrier – Visiteurs

Pouvez-vous me donner Athènes 1 2 3 4 5 6 ?	Μπορεῖτε νά καλέσετε Ἀθήνα 12-34-56;	boritè na kalèssètè aθina 12-34-56
Est-ce qu'on m'a appelé ?	Μοῦ τηλεφώνησε κανείς;	mou tilèfonissè kaniss
Y a-t-il du courrier pour moi ?	Ὑπάρχουν γράμματα γιά μένα;	iparkhoun gramata yia mèna
Avez-vous des timbres ?	Ἔχετε γραμματόσημα;	èkhètè gramatossima
Pouvez-vous me poster ceci, s.v.p. ?	Μπορεῖτε νά μοῦ ταχυδρομήσετε αὐτό, σᾶς παρακαλῶ;	boritè na mou takhiδromissètè afto sass parakalo
Y a-t-il un message pour moi ?	Ὑπάρχει καμμιά παραγγελία γιά μένα;	iparkhi kamia paranngghèlia yia mèna

POSTE, voir page 137

Départ

Puis-je avoir ma note, s.v.p.? Chambre 398.	Μπορῶ νά ἔχω τό λογαριασμό, παρακαλῶ; Δωμάτιο 398.	boro na èkho to logariazmo parakalo? ðomatio 398
Je pars tôt demain matin. Préparez ma note, s.v.p.	Φεύγω αὔριο νωρίς. Παρακαλῶ νά μοῦ ἑτοιμάσετε τό λογαριασμό.	fèvgo avrio noriss. parakalo na mou ètimassètè to logariazmo
Nous partirons vers midi/bientôt.	Θά φύγουμε κατά τό μεσημέρι/σύντομα.	θa figoumè kata to mèssimèri/sinndoma
Je dois partir immédiatement.	Πρέπει νά φύγω ἀμέσως.	prèpi na figo amèssoss
Tout est-il compris?	Περιλαμβάνονται τά πάντα;	pèrilammvanonndè ta pannda
N'y a-t-il pas une erreur dans la note?	Νομίζω ὅτι κάνατε ἕνα λάθος σ'αὐτό τό λογαριασμό.	nomizo oti kanatè èna laθoss safto to logariazmo
Pouvez-vous appeler un taxi?	Μπορεῖτε νά μᾶς βρεῖτε ἕνα ταξί;	borìtè na mass vrìtè èna taksi
Quand part le prochain... pour Athènes?	Πότε εἶναι τό ἑπόμενο... γιά τήν Ἀθήνα;	potè inè to èpomèno... yia tinn aθina
bus/train/avion	λεωφορεῖο/τραῖνο/ἀεροπλάνο	lèoforio/trèno/aèroplano
Pouvez-vous envoyer quelqu'un pour descendre nos bagages?	Θά μπορούσατε νά στείλετε κάποιον νά κατεβάσει τίς ἀποσκευές μας;	θa boroussatè na stilètè kapionn na katèvassi tiss aposkèvèss mass
Nous sommes très pressés.	Εἴμαστε πολύ βιαστικοί.	imastè poli viastiki
Voici ma prochaine adresse. Vous avez mon adresse habituelle.	Αὐτή εἶναι ἡ ἑπόμενη μου διεύθυνση. Ἔχετε τή διεύθυνση κατοικίας μου.	afti inè i èpomèni mou ðièfθinnssi. èkhètè ti ðièfθinnssi katikiass mou
Nous avons fait un séjour très agréable.	Ἡ διαμονή ἦταν πολύ εὐχάριστη.	i ðiamoni itann poli èfkharisti

HÔTEL – SERVICE

TAXIS, voir page 27

Restaurant

Il y a en Grèce plusieurs genres d'établissements où l'on peut boire et manger.

γαλακτοπωλεῖο (galaktopolio)	On y vend du lait, du beurre, du yoghourt, des pâtisseries. Vous y trouverez également des sucreries ou des glaces.
ἑστιατόριο (èstiatorio)	C'est le terme le plus courant pour désigner les restaurants.
ζαχαροπλαστεῖο (zakharoplastio)	Salon de thé. On y vend aussi des sucreries.
καφενεῖο (kafènio)	Café.
οὐζερί (ouzèri)	Bar. Son nom provient de l'*ouzo,* l'apéritif grec typique.
σνάκ-μπάρ (snak-bar)	Snack-bar, terme repris aussi par les Grecs.
ταβέρνα (tavèrna)	Enseigne à repérer si vous désirez trouver au menu des plats authentiquement grecs.
χασαποταβέρνα (khassapotavèrna)	Grill-room rattaché à une boucherie.
ψαροταβέρνα (psarotavèrna)	*Taverna* avec spécialités de fruits de mer.
ψησταριά (psistaria)	*Taverna* spécialisée dans les grillades sur feu de bois.

Dans ce chapitre, nous nous occupons du déjeuner et du dîner. Nous considérons que vous aurez pris votre petit déjeuner à l'hôtel ou à la pension. (Pour le menu du petit-déjeuner, voir page 34.)

La plupart des restaurants affichent une carte des mets à l'extérieur, indiquant le menu à prix fixe et le prix des mets à la carte. Vérifiez le pourcentage du service.

Usages de la table

Les Grecs mangent très tard, mais dans la plupart des restaurants vous pouvez manger plus tôt que ne le font les gens chez eux.

Le *déjeuner* (τό γεῦμα – to **yèv**ma) est servi de 13 h. à 15 h.

Le *dîner* (τό δεῖπνο – to **ði**pno) est servi de 20 h. 30 ou 21 h. à minuit ou 1 h., mais dans les boîtes de nuit et les cafés-dancings on peut se faire servir encore plus tard.

La nourriture grecque diffère considérablement de celle des autres pays européens. Elle doit beaucoup à la cuisine orientale, non seulement en ce qui concerne la nature des plats, mais aussi pour tout ce qui touche les usages de la table. On trouve bien sûr de nombreux restaurants étrangers, mais le restaurant grec typique est la ταβέρνα (ta**vèr**na).

Dans les *tavernes,* la plupart des plats sont spécifiquement grecs, mais vous pouvez y commander des mets européens. Il y a plusieurs sortes de *tavernes* qui se distinguent entre elles par la qualité de leur cuisine, leur service ou leur situation. Dans les grandes *tavernes,* vous trouverez certainement un orchestre typique.

Le principal instrument en est le μπουζούκι (bou**zou**ki), une sorte de luth d'origine orientale. Si vous tombez sur une *taverna* plus modeste, vous n'y verrez qu'un seul joueur de *bouzouki* qui chante également. L'été, la *taverna* se transporte dans le jardin du restaurant ou à un autre endroit en plein air. Quelques *tavernes* luxueuses proposent des productions de vedettes grecques ou internationales.

Les prix sont variables, et vous pouvez trouver – ou mieux encore «découvrir» – des *tavernes* modestes et bon marché particulièrement agréables, dont la cuisine savoureuse est préparée par le tenancier lui-même ou sa femme. Habituellement l'affluence est grande dans les *tavernes* jusqu'à une heure avancée de la nuit, mais rarement avant 22 h., car les Grecs mangent très tard.

Les *tavernes* situées au bord de la mer servent avant tout des spécialités à base de fruits de mer. Sur les îles et dans les villages du littoral en particulier, le poisson est très frais, généralement pêché le jour même.

A Athènes vous trouverez les *tavernas* les plus typiques à la Πλάκα (**pla**ka), quartier de la vieille ville.

Avez-vous faim?

J'ai faim/soif.	**Πεινῶ/Διψῶ.**	pino/ðipso
Pouvez-vous me recommander un bon restaurant (et bon marché)?	**Μπορεῖτε νά μοῦ ὑπο-δείξετε ἕνα καλό (καί φτηνό) ἑστιατόριο;**	borìtè na mou ipoðiksètè èna kalo (kè ftino) èstiatorio

Si vous voulez être sûr d'obtenir une table dans un restaurant réputé, mieux vaut réserver par téléphone.

J'aimerais réserver une table pour 4 personnes pour 8 h.	**Θά ἤθελα νά κρατήσω ἕνα τραπέζι γιά 4 ἄτομα, γι'ἀπόψε στίς 8.**	θa iθèla na kratisso èna trapèzi yia 4 atoma yiapopsè stiss 8

Demandes et commandes

Bonsoir. J'aimerais une table pour 3 personnes.	**Καλησπέρα. Θά ἤθελα ἕνα τραπέζι γιά 3.**	kalispèra. θa iθèla èna trapèzi yia 3
Pourrions-nous avoir une...?	**Θά μπορούσαμε νά ἔχουμε ἕνα...;**	θa boroussamè na èkhoumè èna
table dans un coin	**τραπέζι στή γωνία**	trapèzi sti gonia
table près de la fenêtre	**τραπέζι στό παράθυρο**	trapèzi sto paraθiro
table dehors	**τραπέζι ἔξω**	trapèzi èkso
table sur la terrasse	**τραπέζι στή ταράτσα**	trapèzi sti taratsa
table dans un endroit tranquille	**ἥσυχο τραπέζι κάπου**	issikho trapèzi kapou

Où sont les toilettes?	Ποῦ εἶναι οἱ τουαλέτ-τες;	pou inè i toualètèss
Pouvez-vous me servir tout de suite? Je suis pressé.	Μπορεῖτε νά μέ σερβίρετε ἀμέσως; Εἶμαι βιαστικός.	boritè na mè sèrvirètè amèssoss? imè viastikoss
Quel est le prix du menu?	Ποιά εἶναι ἡ τιμή τοῦ μενοῦ;	pia inè i timi tou mènou
Le service est-il compris?	Τό ποσοστό ὑπηρεσίας περιλαμβάνεται;	to possosto ipirèssiass pèrilamvanètè
Pourrions-nous avoir ..., s.v.p.?	Θά μπορούσαμε νά ἔχουμε ... παρακαλῶ;	θa boroussamè na èkhoumè ... parakalo
assiette	ἕνα πιάτο	èna piato
autre chaise	μία καρέκλα ἀκόμα	mia karèkla akoma
bouteille...	ἕνα μπουκάλι...	èna boukali
cendrier	ἕνα σταχτοδοχεῖο	èna staktoδokhio
couteau	ἕνα μαχαίρι	èna makhèri
cuillère	ἕνα κουτάλι	èna koutali
cure-dents	μία ὀδοντογλυφίδα	mia oδonndoglifiδa
fourchette	ἕνα πηρούνι	èna pirouni
nappe	ἕνα τραπεζομάντηλο	èna trapèzomanndilo
serviette	μία πετσέτα	mia pètsèta
verre	ἕνα ποτήρι	èna potiri
verre d'eau	ἕνα ποτήρι νερό	èna potiri nèro
J'aimerais...	Θά ἤθελα...	θa iθèla
amuse-gueule	ἕνα μεζέ	èna mèzè
apéritif	ἕνα ἀπεριτίφ	èna apèritif
assaisonnement	καρύκευμα	karikèvma
beurre	βούτυρο	voutiro
bière	μία μπύρα	mia bira
café	ἕνα καφέ	èna kafè
chou	λάχανο	lakhano
citron	ἕνα λεμόνι	èna lèmoni
crustacés	μερικά θαλασσινά	mèrika θalassina
dessert	ἕνα γλυκό	èna gliko
entrée	ἕνα ὀρεκτικό	èna orèktiko
eau	νερό	nèro
eau minérale	μεταλλικό νερό	mètaliko nèro
fromage	τυρί	tiri
fruits	φροῦτα	frouta
gibier	κυνήγι	kiniyi
glace	ἕνα παγωτό	èna pagoto
hors-d'œuvre	ἕνα ὀρεκτικό	èna orèktiko

RESTAURANT

RÉCLAMATIONS, voir page 58

huile	λάδι	laði
huile d'olive	λάδι ἐλιᾶς	laði èliass
lait	γάλα	gala
laitue	μαρούλι	marouli
légumes	λαχανικά	lakhanika
moutarde	μουστάρδα	moustarða
pain	ψωμί	psomi
petits pains	ψωμάκια	psomakia
poivre	πιπέρι	pipèri
poisson	ψάρι	psari
pommes frites	πατάτες τηγανιτές	patatèss tiganitèss
pommes de terre	πατάτες	patatèss
riz	ρύζι	rizi
salade	σαλάτα	salata
sandwich	ἕνα σάντουϊτς	èna sandouïts
sel	ἁλάτι	alati
soupe	μία σούπα	mia soupa
pâtes	μακαρόνια	makaronia
sucre	λίγη ζάχαρη	liyi zakhari
thé	ἕνα τσάϊ	èna tsaï
viande	κρέας	krèass
vin	κρασί	krassi
vinaigre	ξύδι	ksiði
volaille	πουλερικά	poulèrika

Qu'y a-t-il au menu?

Nous avons établi notre carte selon l'ordre habituel des plats. Sous chaque titre vous trouverez une liste alphabétique des mets en grec avec leurs équivalents français. Cette liste, qui englobe les plats courants comme les spécialités, vous permettra de tirer le meilleur parti d'une carte grecque.

Voici notre guide gastronomique. Passez directement aux plats par lesquels vous voulez commencer.

RESTAURANT

Vous ne parcourrez certainement pas toutes les étapes du menu. Lorsque vous en aurez assez, dites:

Plus rien, merci.	Τίποτε ἄλλο, εὐχαριστῶ.	tipotè alo èfkharisto

La cuisine grecque propose des mets multiples et savoureux. Goûtez à la *moussaka* et aux *dolmadès*, et n'oubliez pas que poissons et fruits de mer sont toujours disponibles. Le homard en particulier est très bon marché en Grèce.

Hors-d'œuvre – Entrées

J'aimerais un hors-d'œuvre. | Θά ἤθελα ἔνα ὀρεκτικό. θa iθèla èna orèktiko

ἀβοκάδο	avokado	avocat
ἀγκινάρες	anngghinarèss	artichauts
ἀντζούγιες	anndzouyièss	anchois
αὐγά (μέ μαγιονέζα)	avga (mè mayionèza)	œufs en mayonnaise
γαρίδες	gariðèss	crevettes
γαρίδες κοκταίηλ	gariðèss koktèil	cocktail de crevettes
ἐλιές (γεμιστές)	èlièss (yèmistèss)	olives (farcies)
ζαμπόν (βραστό/ καπνιστό)	zammbonn (vrasto/ kapnisto)	jambon (cuit/ fumé)
καβούρι	kavouri	crabe
καραβίδα	karaviða	écrevisse
κρῦο κρέας	krio krèass	viande froide
μανιτάρια	manitaria	champignons
κολιός	kolioss	maquereau
πατέ	patè	pâté
πεπόνι	pèponi	melon
ποικιλία ὀρεκτικῶν	pikilia orèktikonn	hors-d'œuvre varié
ραπανάκια	rapanakia	radis
ρέγγα (καπνιστή)	rènggha (kapnisti)	hareng (fumé)
σαλάμι	salami	salami
σαλάτα	salata	salade
σαρδέλλες	sarðèlèss	sardines
σολωμός (καπνιστός)	solomoss (kapnistoss)	saumon (fumé)
σπαράγγια	sparanngghia	asperges
στρείδια	striðia	huîtres
συκωτάκια πουλιῶν	sikotakia poulionn	foie de volaille
τόννος	tonoss	thon
χαβιάρι	khaviari	caviar
χέλι (καπνιστό)	khèli (kapnisto)	anguille (fumée)
χυμός φρούτου	khimoss froutou	jus de fruit

Spécialités grecques

κολοκύθια τηγανιτά	kolokiθia tiganita	courgettes frites
ντολμάδες γιαλαντζῆ	ðolmaðèss yialanndzi	feuilles de vigne farcies au riz
ταραμοσαλάτα	taramossalata	œufs de poisson mélangés avec pain, huile d'olive et oignons

Salades

Quelles salades avez-vous?	Τί σαλάτες ἔχετε;	ti salatèss èkhètè
Pouvez-vous me recommander une spécialité locale?	Μπορεῖτε νά μᾶς συστήσετε μιά σπεσιαλιτέ τῆς περιοχῆς;	boritè na mass sistissètè mia spèssialitè tiss pèriokhiss

γαριδοσαλάτα (gariðossalata)		crevettes dans l'huile et sauce citron
τζατζίκι (dzadziki)		salade à base de yoghourt, concombre, ail, huile d'olive et menthe
σκορδαλιά (skorðalia)		ail et pommes de terre émincées dans l'huile d'olive
χόρτα σαλάτα (khorta salata)		salade d'herbes cuites à l'huile d'olive et sauce citron
χωριάτικη σαλάτα (khoriatiki salata)		salade grecque typique à base d'olives, de tomates, concombres, oignons, persil, poivron vert et *féta* (fromage blanc de chèvre)

Œufs et omelettes

J'aimerais une omelette.	Θά ἤθελα μία ὀμελέττα.	θa iθèla mia omèlèta
αὐγά	avga	œufs
μελάτα	mèlata	mollets
σφιχτά	sfikhta	durs
τηγανιτά (μάτια)	tiganita (matia)	au plat
ποσέ	possè	pochés
ὀμελέττα μέ ἀγκινάρες	omèlèta mè annghinarèss	omelette aux artichauts
ὀμελέττα μέ ζαμπόν	omèlèta mè zammbonn	omelette au jambon
ὀμελέττα μέ λουκάνικα	omèlèta mè loukanika	omelette à la saucisse
ὀμελέττα μέ ντομάτα	omèlèta mè domata	omelette à la tomate
ὀμελέττα μέ πατάτες	omèlèta mè patatèss	omelette aux pommes de terre
ὀμελέττα μέ συκωτάκια πουλιῶν	omèlèta mè sikotakia poulionn	omelette au foie de volaille
ὀμελέττα μέ τυρί	omèlèta mè tiri	omelette au fromage

RESTAURANT

Potages

Vous trouverez de très bonnes soupes de poisson, soit à la tomate, soit avec œufs et sauce citron. Demandez:

J'aimerais un potage.	Θά ἤθελα μία σούπα.	θa iθèla mia soupa
Que me recommandez-vous?	Τί μοῦ συστήνετε;	ti mou sistinètè
κοτόσουπα	kotossoupa	consommé de volaille
κρεατόσουπα	krèatossoupa	bouillon de viande
μαγειρίτσα	mayiritsa	soupe pascale grecque, à base de tripes d'agneau émincées
σούπα αὐγολέμονο	soupa avgolèmono	soupe au riz avec œufs et sauce citron
σούπα πατσάς	soupa patsass	soupe aux tripes
σούπα τραχανάς	soupa trakhanass	soupe à la semoule
σούπα φακές	soupa fakèss	soupe aux lentilles
σούπα χυλοπίττες	soupa khilopitèss	soupe aux nouilles
φασολάδα	fassolaδa	soupe avec haricots nains et tomates
χορτόσουπα	khortossoupa	soupe aux légumes

Sur la côte et sur les îles principalement, la soupe de poisson et le ragoût sont des plats privilégiés. Goûtez un de ceux-ci:

κακαβιά	kakavia	ragoût de poisson bien épicé
ψαρόσουπα	psarossoupa	soupe de poisson

Poissons et fruits de mer

J'aimerais du poisson.	Θά ἤθελα λίγο ψάρι.	θa iθèla ligo psari
Quelles sortes de fruits de mer avez-vous?	Τί εἴδη θαλασσινῶν ἔχετε;	ti iδi θalassinonn èkhètè

ἀντζούγιες	annd**zou**yièss	anchois
ἀστακός	asta**koss**	homard
ἀχινός	akhi**noss**	oursin
γαλέος	ga**lèoss**	lamproie
γαρίδες	ga**ri**δèss	crevettes
γλῶσσα	**glo**ssa	sole
γόπα	**go**pa	sardine (grosse)
καβούρι	ka**vou**ri	crabe
καλαμάρι	kala**ma**ri	calmar
καραβίδα	kara**vi**δa	écrevisse
κέφαλος	**kè**faloss	mulet
λακέρδα	la**kèr**δa	thon salé
λυθρίνι	li**θri**ni	muge
μπακαλιάρος	baka**lia**ross	morue fraîche
μπακαλιάρος παστός	baka**lia**ross pas**toss**	morue salée
μπαρμπούνι	bar**bou**ni	rouget
μύδια	**mi**δia	moules
πέρκα	**pèr**ka	perche
πέστροφα	**pè**strofa	truite
ρέγγα	**rèng**gha	hareng
σαρδέλλα	sar**δè**la	sardine
σκουμπρί	skoum**bri**	maquereau
σουπιά	sou**pia**	seiche
στρείδια	**stri**δia	huîtres
συναγρίδα	sina**gri**δa	rousseau
σφυρίδα	sfi**ri**δa	merlan
τόννος	**to**noss	thon
τσιπούρα	tsi**pou**ra	dorade
χέλι	**khè**li	anguille
χταπόδι	khta**po**δi	poulpe

Il y a bien des façons de préparer le poisson. Vous choisirez dans cette liste de termes grecs celle que vous préférez:

cuit au four	στό φοῦρνο	sto fourno
frit	τηγανιτό	tiganito
en friture	τηγανισμένο σέ πολύ λάδι	tiganizmèno sè poli laδi
fumé	καπνιστό	kapnisto
grillé	στή σχάρα	sti skhara
mariné	μαρινάτο	marinato
en ragoût	βραστό	vrasto
poché	ποσέ	possè
en saumure	παστό	pasto
à la vapeur	στόν ἀτμό	stonn atmo

Spécialités de fruits de mer

μαρίδες	mariδèss	friture
σουπιές μέ σπανάκι	soupièss mè spanaki	seiche aux épinards
σουφλέ ἀπό θαλασσινά	soufflè apo θalassina	soufflé aux crustacés
χταπόδι κρασάτο	khtapoδi krassato	poulpe en court bouillon et vin
ψάρι μαγιονέζα Ἀθηναϊκή	psari mayionèza aθinaïki	poisson émietté en mayonnaise
ψάρι στά κάρβουνα	psari sta karvouna	poisson sur la braise

Viandes

Quelles viandes avez-vous?	Τί εἴδη κρέατος ἔχετε;	ti iði **krèatoss èkhètè**
J'aimerais...	Θά ἤθελα...	θa i**θèla**
agneau	ἀρνί	ar**ni**
bœuf	βοδινό	vo**ði**no
porc	χοιρινό	khi**ri**no
veau	μοσχάρι	mos**khari**

ἀρνάκι τοῦ γάλακτος	arnaki tou **g**alaktoss	agnelet
ἀρνίσιες μπριζόλες	arnissièss brizolèss	côtelettes d'agneau
γλῶσσα	**g**lossa	langue
ἐντρεκότ	èntrekot	entrecôte
ἐσκαλόπ	èskalop	escalope
ζαμπόν	zammbonn	jambon
καρρέ	ka**rè**	carré
κεφάλι	**kè**fali	tête
κιμάς	ki**mass**	viande hâchée
κοτολέττες	koto**lè**tèss	côtelettes
λαρδί	lar**ði**	lard
λουκάνικα	lou**ka**nika	saucisses
μοσχαρίσιες μπριζόλες	moskha**ri**ssièss brizolèss	côtelettes de veau
μπιφτέκι	bif**tè**ki	bifteck
μπούτι	**bou**ti	gigot
μπριζόλα	bri**zo**la	côte
μυαλό	mia**lo**	cervelle
νεφρά	**nè**fra	rognons
νεφραμιά	nè**fra**mia	aloyau
οὐρά βοδινή	oura vo**ði**ni	queue de bœuf
παϊδάκια	paï**ða**kia	côtelettes
πλάτη	**pla**ti	épaule
ροσμπίφ	ros**bif**	rosbif
σατωμπριάν	sato**briann**	chateaubriand
σέλλα	**sè**la	selle
στῆθος	**sti**θoss	poitrine
συκώτι	si**ko**ti	foie
φιλέτο	fi**lè**to	filet
χοιρινές μπριζόλες	khiri**nèss** brizolèss	côtelettes de porc

Comment préférez-vous votre viande?

au four	στό φοῦρνο	sto **fourno**
bouillie	βραστό	**vrasto**
braisée	μέ σάλτσα	mè **saltsa**
à la broche	στή σούβλα	sti **souvla**
farcie	γεμιστό	yèmisto
frite	τηγανιτό	tiganito
grillée	στή σχάρα	sti **skhara**
à la poêle	στή κατσαρόλα	sti katsarola
en ragoût	γιαχνί	**yiakhni**
rôtie	ψητό	psito
rôtie en casserole	ψητό τῆς κατσαρόλας	psito tiss katsarolass
saignante	λίγο ψημένο	ligo psimèno
à point	μέτριο	**mètrio**
bien cuite	καλοψημένο	kalopsimèno

Plats de viande grecs

ἀρνάκι ἐξοχικό
(ar**naki** èksokhiko)
agneau épicé enveloppé de papier et cuit sur la braise

γιουβέτσι
(yiou**vètsi**)
viande cuite au four avec nouilles ou macaroni

κοκορέτσι
(kokorètsi)
rognons, tripes et foie rôtis à la broche

μουσακᾶς
(moussa**kass**)
barquettes d'aubergines et viande hachée, gratinées au four avec du fromage et de la crème

ντολμάδες
(dolmaðèss)
riz et viande hachée enroulés dans une feuille de vigne ou de chou nappée de sauce blanche

ντομάτες γεμιστές
(domatèss yèmistèss)
tomates farcies au riz et au persil ou à la viande hachée

παπουτσάκια
(papoutsakia)
courgette farcie au riz et aux oignons ou à la viande, servie en sauce blanche

σουτζουκάκια
(soudzoukakia)
boulettes de viande hachée au cumin avec de la sauce tomate

Volaille et gibier

J'aimerais du gibier.	Θά ἤθελα κυνήγι.	θa iθèla kiniyi
Quels sont vos plats de volaille ?	Τί εἴδη πουλερικῶν σερβίρετε;	ti iði poulèrikonn sèrvirètè
γαλοπούλα	galopoula	dinde
κοτόπουλο	kotopoulo	poulet
κοτόπουλο ψητό	kotopoulo psito	poulet rôti
κουνέλι	kounèli	lapin
λαγός	lagoss	lièvre
λαγός σιβέ	lagoss sivè	civet de lièvre
μπεκάτσα	bèkatsa	bécasse
μπούτι	bouti	cuisse
ὀρτύκι	ortiki	caille
παπάκι	papaki	canardeau
πάπια	papia	canard
πέρδικα	pèrðika	perdrix
περιστέρι	pèristèri	pigeon
πιτσούνι	pitsouni	pigeonneau
στῆθος	stiθoss	poitrine
φασιανός	fassianoss	faisan
φτερούγα	ftèrouga	aile
χήνα	khina	oie

Plats de gibier et de volaille

κόκορας μέ κρασί	kokorass mè krassi	coq au vin
κοτόπουλο τῆς κατσαρόλας	kotopoulo tiss katsarolass	poulet en cocotte à la sauce citron
κοτόπουλο τῆς σούβλας	kotopoulo tiss souvlass	poulet à la broche
λαγός στιφάδο	lagoss stifaðo	civet de lièvre avec oignons, vin ou tomates
πάπια γεμιστή	papia yèmisti	canard farci

Légumes et épices

Quels légumes me recommandez-vous ?	Τί λαχανικά συστήνετε;	tì lakhanika sistinètè
Je préfère de la salade.	Θά προτιμοῦσα λίγη σαλάτα.	θa protimoussa liyi salata

ἀγγούρι	anngghouri	concombre
ἀγγουράκια τουρσί	anngghourakia toursi	cornichons
ἀγκινάρες	annghinarèss	artichauts
ἄγρια ραδίκια	agria raδikia	chicorée sauvage
γλυκοπατάτες	glikopatatèss	patates douces
καλαμπόκι	kalammboki	maïs
κάπαρη	kapari	capres
κάρδαμο	karδamo	cresson
καρόττα	karota	carottes
κολοκύθα	kolokiθa	courge
κολοκύθι	kolokiθi	courgette
κουνουπίδι	kounoupiδi	chou-fleur
κρεμμύδια	krèmiδia	oignons
λαχανάκια Βρυξελλῶν	lakhanakia vrikselonn	choux de Bruxelles
λάχανο	lakhano	chou
μαϊντανός	maïndanoss	persil
μανιτάρια	manitaria	champignons
μαρούλι	marouli	laitue
μελιτζάνα	mèlidzana	aubergine
μουστάρδα	moustarδa	moutarde
μπάμιες	bamièss	gombo
μπιζέλια	bizèlia	petits pois
ντομάτες	domatèss	tomates
παντζάρι	panndzari	betterave
πατάτες	patatèss	pommes de terre
πιπεριές	pipèrièss	poivron jaune
πιπεριές πράσινες	pipèrièss prassinèss	poivron vert
πράσσα	prassa	poireaux
ραδίκι	raδiki	chicorée
ραπανάκι	rapanaki	radis
ρεβύθια	rèviθia	pois chiches
ρύζι	rizi	riz
σαφράνι	safrani	safran
σέλινο	sèlino	céleri
σκόρδο	skorδo	ail
σπαράγγια	sparanngghia	asperges
σπανάκι	spanaki	épinards
τρούφες	troufèss	truffes
φακές	fakèss	lentilles
φασολάκια φρέσκα	fassolakia frèska	haricots verts

On sert les légumes:

bouillis	βραστά	vrasta
à la crème	μέ ἄσπρη σάλτσα	mè aspri saltsa
farcis	γεμιστά	yèmista
au four	στό φοῦρνο	sto fourno
frits	τηγανιτά	tiganita
hachés	ψιλοκομμένα	psilokomèna
en ragoût	γιαχνί	yiakhni
rôtis	ψητά	psita

Sauces

λαδόξυδο
(laðoksiðo)
vinaigre et huile

μαγιονέζα
(mayionèza)
mayonnaise

σάλτσα ἄσπρη
(saltsa aspri)
bouillon de viande avec lait, beurre et farine

σάλτσα αὐγολέμονο
(saltsa avgolèmono)
bouillon de viande avec œufs, farine et
jus de citron

σάλτσα κίτρινη
(saltsa kitrini)
mayonnaise, œuf dur, jaunes d'œufs et vin
blanc

σάλτσα λαδολέμονο
(saltsa laðolèmono)
huile d'olive avec citron et sel additionnée de
persil ou d'origan

σάλτσα ντομάτα
(saltsa domata)
tomate avec huile d'olive, persil, oignon

σάλτσα πράσινη
(saltsa prassini)
mayonnaise avec persil haché

σάλτσα ψητοῦ
(saltsa psitou)
bouillon de viande avec farine et beurre

σκορδαλιά
(skorðalia)
ail avec mie de pain ou pommes de terre, huile
et persil

τζατζίκι
(dzadziki)
yoghourt avec concombre, ail, huile et menthe

RESTAURANT

Fromages

La Grèce produit de nombreuses variétés de fromages, mais la plupart d'entre eux sont inconnus ailleurs.

Les Grecs sont très friands de fromage. Le plus populaire est la φέτα (**fèta**), un fromage blanc à base de lait de chèvre. Vous trouverez diverses variétés de *fèta :* tendre, dure, très crémeuse ou très salée.

Quels fromages avez-vous ?	Τί εἴδη τυριῶν ἔχετε;	ti ìdi tirionn èkhètè
τελεμές (tèlèmèss)	fromage blanc en boîte	
γραβιέρα (gravièra)	fromage de type suisse, sorte de gruyère; les meilleures variétés viennent de Corfou et de Crète.	
κασέρι (kassèri)	fromage jaune, léger, riche en crème, à pâte molle	
κασκαβάλι (kaskavali)	fromage jaune, riche et très crémeux	
κεφαλοτύρι (kèfalotiri)	fromage jaune, salé et très ferme, avec de minuscules trous	
μανούρι (manouri)	sorte de séré; mélangé à du miel, constitue un excellent dessert	
μυζήθρα (miziθra)	fromage blanc salé à pâte molle, à base de lait de brebis	

Fruits

Avez-vous des fruits frais?	Ἔχετε φρέσκα φροῦτα;	èkhètè frèska frouta
J'aimerais une salade de fruits frais.	Θά ἤθελα μία φρουτο-σαλάτα ἀπό φρέσκα φροῦτα.	θa iθèla mia froutosalata apo frèska frouta

ἀμύγδαλο	amigðalo	amande
ἀνανάς	ananass	ananas
ἀχλάδι	akhlaði	poire
βατόμουρο	vatomouro	framboise
βερύκοκο	vèrikoko	abricot
δαμάσκηνο	ðamaskino	prune
καρύδα	kariða	noix de coco
καρύδι	kariði	noix
καρπούζι	karpouzi	pastèque
κάστανο	kastano	châtaigne
κεράσι	kèrassi	cerise
κίτρο	kitro	cédrat
κομπόστα φρούτων	kombosta froutonn	compote de fruits
κυδώνι	kiðoni	coing
λεμόνι	lèmoni	citron
μανταρίνι	mandarini	mandarine
μῆλο	milo	pomme
μοῦρο	mouro	mûre
μπανάνα	banana	banane
πεπόνι	pèponi	melon
πορτοκάλι	portokali	orange
ροδάκινο	roðakino	pêche
ρόδι	roði	grenade
σταφίδα	stafiða	raisin sec
σταφίδα σουλτανιά	stafiða soultania	raisin de Smyrne sec
σταφύλι	stafili	raisin
ἄσπρο σταφύλι	aspro stafili	raisin blanc
κόκκινο σταφύλι	kokino stafili	raisin rouge
μαῦρο σταφύλι	mavro stafili	raisin noir
σουλτανιά	soultania	de Smyrne
σῦκο	siko	figue
φουντούκι	foundouki	noisette
φράουλα	fraoula	fraise
γκρέηπ-φρουτ	ghrèip-frout	pamplemousse
χουρμάς	khourmass	datte

Dessert

Après avoir fait honneur à tous les plats, vous ajouterez peut-être:

J'aimerais un dessert, s.v.p.	Θά ἤθελα ἕνα γλυκό παρακαλῶ.	θa iθèla èna gliko parakalo
Quelque chose de léger, je vous prie.	Κάτι ἐλαφρό, παρακαλῶ.	kati èlafro parakalo
Juste une petite portion.	Μόνο μία μικρή μερίδα.	mono mia mikri mèriδa
Plus rien, merci.	Τίποτε ἄλλο, εὐχαριστῶ.	tipotè alo èfkharisto

Si vous ne savez que commander, demandez au garçon:

Quels desserts avez-vous?	Τί γλυκά ἔχετε;	ti glika èkhètè
γρανίτα	granita	sorbet
ζαχαρωτά	zakharota	sucreries
καρυδόπιττα	kariδopita	gâteau aux noix
κέϊκ	kèik	cake
κρέμα καραμελέ	krèma karamèlè	flan caramel
μηλόπιττα	milopita	gâteau aux pommes
μούς	mouss	mousse
μπισκότα	biskota	biscuits
παγωτό	pagoto	crème glacée
παγωτό βανίλια	pagoto vanilia	glace à la vanille
παγωτό κασατα	pagoto kassata	cassata
παγωτό σοκολάτα	pagoto sokolata	glace au chocolat
παγωτό φράουλα	pagoto fraoula	glace à la fraise
πάστα	pasta	tourte
πάστα ἀμυγδάλου	pasta amigδalou	tourte aux amandes
πάστα μέ καρύδα	pasta mè kariδa	tourte à la noix de coco
πάστα σοκολάτα	pasta sokolata	tourte au chocolat
πές μελμπά	pès mèlba	pêche Melba
πουτίγκα	poutinnggha	pudding
ρυζόγαλο	rizogalo	riz au lait
φρουῒ γκλασέ	froui glassè	fruit confit
φρουτοσαλάτα	froutossalata	salade de fruits

Desserts grecs

La plupart des douceurs que vous rencontrerez en Grèce sont des spécialités orientales qu'on peut aussi trouver en Turquie ou dans les pays arabes.

αμυγδαλωτό (amigdaloto)	pâte d'amandes et de sucre (massepain)
γαλακτομπούρεκο (galaktommbourèko)	pâtisserie fourrée de crème jaune et nappée de sirop
καταΐφι (kataïfi)	pâtisserie faite de vermicelles sucrés, de noix et de sirop
κουραμπιές (kourammbièss)	petit pain au sucre fait de farine, beurre et amandes concassées
λουκούμι (loukoumi)	pâtisserie nappée de sucre fin
μελομακάρονο (mèlomakarono)	petit pain au miel à base de farine, huile et noix
μπακλαβάς (baklavass)	*baklava;* pâtisserie au miel, amandes et noix
παστέλι (pastèli)	sucrerie à base de grains de sésame et de miel
ρεβανί (rèvani)	gâteau de Savoie
χαλβάς (khalvass)	soit pudding à la semoule, soit miel, amandes concassées et sucre

Les Grecs prennent volontiers du fromage, des fruits ou une glace après le repas et boivent le café de préférence après la sieste. Ils préfèrent le café préparé à la turque, dont le marc, très finement moulu, est cuit; on verse ensuite le tout (marc et sucre compris) directement dans la tasse. On laisse le marc reposer un moment et on ne boit que la moitié de la tasse.

Si vous demandez simplement un **καφέ** (kafè), on vous l'apportera assez sucré. Précisez donc en le commandant:

σκέτο	skèto	sans sucre
μέτριο	mètrio	légèrement sucré
γλυκό	gliko	très sucré

RESTAURANT

58

L'addition

L'addition, s.v.p.	Μπορῶ νά ἔχω τό λογαριασμό, παρακαλῶ;	boro na èkho to logariazmo parakalo
N'avez-vous pas commis une erreur?	Μήπως κάνατε λάθος;	miposs kanatè laθoss
Est-ce que tout est compris?	Περιλαμβάνονται τά πάντα;	pèrilammvanonndè ta pannda
Acceptez-vous les chèques de voyage?	Παίρνετε τράβελερς τσέκ;	pèrnètè travèlèrss tsèk
Merci, voici pour vous.	Εὐχαριστῶ, αὐτό εἶναι γιά σᾶς.	èfkharisto afto inè yia sass
Le repas était très bon. Nous nous sommes régalés, merci.	Τό γεῦμα ἦταν πολύ ὡραῖο. Τό ἀπολαύσαμε, εὐχαριστοῦμε.	to yèvma itann poli orèo. to apolafsamè èfkharistoumè

ΤΟ ΠΟΣΟΣΤΟ ΥΠΗΡΕΣΙΑΣ ΠΕΡΙΛΑΜΒΑΝΕΤΑΙ

SERVICE COMPRIS

Réclamations

Mais peut-être avez-vous une réclamation à formuler...

Ce n'est pas ce que j'ai commandé. J'ai demandé...	Δέν παρήγγειλα αὐτό. Ζήτησα...	δèn parinngghila afto. zitissa
Je n'aime pas cela/ Je ne peux pas manger cela.	Δέν μοῦ ἀρέσει αὐτό/ Δέν μπορῶ νά τό φάω.	δèn mou arèssi afto/ δèn boro na to fao
Pouvez-vous m'apporter autre chose?	Μπορῶ νά ἀλλάξω αὐτό;	boro na alakso afto
Cette viande est...	Τό κρέας εἶναι...	to krèass inè
trop/pas assez cuite trop saignante/dure	πολύ ψημένο/ἄψητο ὠμό/πολύ σκληρό	poli psimèno/apsito omo/poli skliro
Pouvez-vous nous envoyer le maître d'hôtel?	Μπορεῖτε νά ζητήσετε στόν ἀρχισερβιτόρο νά ἔλθει ἐδῶ;	borìtè na zitissètè stonn arkhissèrvitoro na èlθi èδo

Boissons

Bière

En général, on peut boire en Grèce de l'excellente bière. Vous trouverez un large choix de marques locales et étrangères.

Si vous voulez goûter une bière grecque, demandez une de celles-ci : Φίξ (fiks), Ἄλφα (**alfa**).

J'aimerais une bière (bien fraîche), s.v.p.	**Θά ἤθελα μία μπύρα (παγωμένη), παρακαλῶ.**	θa iθèla mia bira (pagomèni) parakalo

Vin

Beaucoup de visiteurs sont étonnés par la grande variété des vins que l'on trouve en Grèce, même si certains d'entre eux sont bien connus à l'étranger.

Mais en fait les Grecs de l'antiquité étaient déjà de grands amateurs de vin, qu'ils considéraient comme un symbole de civilisation. A peine débarqués sur un sol étranger, les colons grecs y plantaient des ceps de vigne. Pourtant, à travers les siècles, la coutume de boire des produits fermentés s'est perdue chez les Grecs. Il nous faut néanmoins considérer la Grèce antique comme le pionnier de la production vinicole. Les Grecs furent les premiers à découvrir quels étaient les meilleurs emplacements pour la vigne et le meilleur terrain pour la culture du raisin.

On trouve aujourd'hui des vignobles sur tout le territoire. Ils produisent chaque année près de 4 millions d'hectolitres de vin. L'Attique, Corfou, la Crète, l'Epire, le Péloponnèse, la Thrace et les îles de la mer Egée possèdent de vastes vignobles qui, bien souvent, sont cultivés selon des méthodes archaïques.

RESTAURANT

La Grèce produit des vins rouges, blancs et de dessert, en plus du vin spécifiquement grec, le retsina. Ce dernier est un vin rouge ou blanc auquel on ajoute de la résine d'aiguilles de pin durant le processus de fermentation, pour le conserver dans le climat chaud de la Grèce. Etant donné son goût particulier, il est possible que vous éprouviez quelques difficultés à vous habituer au retsina. Il se peut même que vous y soyez franchement allergique. Comme ce vin n'acquiert son goût amer qu'après plus d'une année, commencez par goûter un *retsina* jeune, si possible d'Attique.

Du reste, si vous ne pouvez vous y faire, vous pourrez demander, où que vous soyez, du vin non résiné. Une latitude défavorable et un climat chaud donnent souvent des vins corsés, trop alcoolisés et d'un goût un peu fort. D'autre part, la Grèce propose en général de très bons vins de dessert, dont le plus connu est sans conteste le *Muscat* de Samos, un vin blanc doux. On peut citer aussi le vin rouge *Mavrodaphni,* le vin blanc *Muscat Rion* de Patras ou encore le *Vino Santo* de Santorin.

Vous trouverez facilement à Athènes, sur les îles ou dans les petites villes des *tavernas* qui conservent leur vin une année ou plus dans de grands tonneaux.

J'aimerais...	Θά ἤθελα...	tha ithèla
une petite carafe	μία μικρή καράφα	mia mikri karafa
une bouteille	ἕνα μπουκάλι	èna boukali
une demi-bouteille	μισό μπουκάλι	misso boukali
un verre	ἕνα ποτήρι	èna potiri
un litre	ἕνα λίτρο	èna litro
J'aimerais quelque chose de...	Θά ἤθελα κάτι...	tha ithèla kati
doux/pétillant/sec	γλυκό/ἀεριοῦχο/ξηρό	gliko/aèrioukho/ksiro
J'aimerais du vin non résiné.	Θά ἤθελα λίγο ἀρετσίνωτο κρασί.	tha ithèla ligo arètsinoto krassi
Un verre de retsina, s.v.p.	Ἕνα ποτήρι ρετσίνα, παρακαλῶ.	èna potiri rètsina parakalo

J'aimerais une bouteille de vin blanc.	Θέλω ἕνα μπουκάλι ἄσπρο κρασί.	θèlo èna boukali aspro krassi
Je ne veux pas quelque chose de trop doux.	Δέν θέλω κάτι πολύ γλυκό.	dèn θèlo kati poli gliko
Combien coûte une bouteille de...?	Πόσο κάνει ἕνα μπουκάλι ...;	posso kani èna boukali
C'est trop cher.	Εἶναι πολύ ἀκριβό.	inè poli akrivo
N'avez-vous rien de meilleur marché?	Δέν ἔχετε κάτι φτηνότερο;	dèn èkhètè kati ftinotèro
Bien, je le prends.	Ἐντάξει, εἶναι ὅτι πρέπει.	èndaksi inè oti prèpi

Si vous avez apprécié le vin, vous pouvez dire:

Apportez-moi un/une autre...	Μοῦ φέρνετε ... ἀκόμη, παρακαλῶ.	mou fèrnètè ... akomi parakalo
verre	ἕνα ποτήρι	èna potiri
carafe	μία καράφα	mia karafa
bouteille	ἕνα μπουκάλι	èna boukali
Comment s'appelle ce vin?	Πῶς λέγεται αὐτό τό κρασί;	poss lèyètè afto to krassi
D'où vient ce vin?	Ἀπό ποιά περιοχή εἶναι αὐτό τό κρασί;	apo pia pèriokhi inè afto to krassi
Quel âge a ce vin?	Πόσο παλιό εἶναι αὐτό τό κρασί;	posso palio inè afto to krassi

blanc	ἄσπρο	aspro
doux	γλυκό	gliko
pétillant	ἀεριοῦχο	aèrioukho
rosé	ροζέ	rozè
rouge	κόκκινο	kokino
sec	ξηρό	ksiro
glacé	παγωμένο	pagomèno
chambré	σέ θερμοκρασία δωματίου	sè θèrmokrassia domatiou

RESTAURANT

Autres boissons alcoolisées

L'apéritif grec le plus courant est l'ούζο (**ouzo**). C'est une anisette qui contient 50 % d'alcool. En province on le consomme généralement pur dans un petit verre, mais en ville on vous en sert plus, et la plupart des gens préfèrent y ajouter de l'eau, ce qui le trouble. Très souvent, lorsque vous commanderez un *ouzo,* le serveur vous apportera quelques olives, du fromage, des sardines, du poulpe frit, etc., comme accompagnement. Ces amuse-gueule portent généralement le nom de μεζέδες (**mèzèðess**).

Vous aurez aussi l'occasion de goûter:

μαστίχα (mastikha)	autre apéritif, doux et parfumé au lentisque; vous trouverez le meilleur *mastic* sur l'île de Chios.
κίτρο (kitro)	plutôt doux, à la fleur de cédrat; on la trouve sur l'île de Naxos
Μεταξᾶ (mètaksa)	une eau-de-vie grecque délicieuse, sorte de «cognac»
κούμ-κουάτ (koum-kouat)	une eau-de-vie de couleur jaune, originaire de Corfou, à base de kumquats

Dans un bar, vous pouvez commander:

apéritif	ἀπεριτίφ	apèritif
cidre	μηλίτης	militiss
cognac	κονιάκ	koniak
eau-de-vie	μπράντυ	branndi
gin	τζίν	dzinn
gin-fizz	τζίν-φίς	dzinn-fiss
gin tonic	τζίν μέ τόνικ	dzinn mè tonik
liqueur	λικέρ	likèr
porto	πορτό	porto
rhum	ροῦμι	roumi
sherry	τσέρρυ	tsèri
vermouth	βερμούτ	vèrmout
vodka	βότκα	votka
whisky	οὐΐσκυ	ouïski
sec	σκέτο	skèto
avec des glaçons	μέ πάγο	mè pago
soda	μέ σόδα	mè soða

J'aimerais goûter de l'ouzo, s.v.p.	Θά ἤθελα νά δοκιμά- σω οὖζο, παρακαλῶ.	θa iθèla na δokimasso ouzo parakalo
Y a-t-il des spécialités locales?	Ὑπάρχουν σπεσιαλιτέ τῆς περιοχῆς;	iparkhoun spèssialitè tiss pèriokhiss
Apportez-moi un verre de Metaxa, s.v.p.	Φέρτε μου ἕνα ποτήρι Μεταξᾶ, παρακαλῶ.	fèrtè mou èna potiri mètaksa parakalo

---

ΣΤΗΝ ΥΓΕΙΑ ΣΑΣ

(stinn iyia sass)

SANTÉ!

Autres boissons

En Grèce l'eau est bonne et non calcaire. Il n'est donc pas indispensable d'exiger de l'eau minérale. Si vous en voulez tout de même, demandez de l'eau de *Loutraki*. C'est une source thermique située non loin d'Athènes.

J'aimerais...	Θά ἤθελα...	θa iθèla
café	καφέ	kafè
tasse de café	ἕνα φλυτζάνι καφέ	èna flidzani kafè
café crème	καφέ μέ γάλα	kafè mè gala
café express	καφέ ἐξπρέσσο	kafè èksprèsso
café glacé	παγωμένο καφέ	pagomèno kafè
chocolat	κακάο	kakao
eau minérale	μεταλλικό νερό	mètaliko nèro
jus de fruit	χυμό φρούτου	khimo froutou
grapefruit	γκρέηπ-φρουτ	ghrèip-frout
citron/orange	λεμόνι/πορτοκάλι	lèmoni/portokali
ananas/tomate	ἀνανά/ντομάτα	anana/domata
lait	γάλα	gala
frappé	μίλκ σέϊκ	milk sèïk
limonade	λεμονάδα	lèmonaδa
gazeuse	μέ ἀνθρακικό	mè annθrakiko
nature	χωρίς ἀνθρακικό	khoriss annθrakiko
orangeade	πορτοκαλάδα	portokalaδa
soda	γκαζόζα	ghazoza
thé	τσάϊ	tsaï
crème/citron	μέ γάλα/λεμόνι	mè gala/lèmoni
tonique	τόνικ	tonik

Repas légers – Collations

Les σουβλάκι (souvlaki) constituent un petit repas grec typique. Ce sont des morceaux de viande grillés à la broche avec des tomates, des oignons et du persil. On les sert enroulés dans une sorte de crêpe, la πίττα (pita). Voilà un repas léger, bon marché et succulent ; il ne coûte généralement que quelques drachmes et vous le trouverez partout en Grèce dans les petits magasins. Vous pouvez aussi demander des feuilletés.

Donnez-moi deux de ceci et un de cela.	Δῶστε μου δύο ἀπό αὐτά καί ἕνα ἀπό αὐτό.	ðostè mou ðio apo afta kè èna apo afto
à gauche/à droite	Ἀριστερά/δεξιά	aristèra/ðèksia
en haut/en bas	ἐπάνω/κάτω	èpano/kato
Donnez-moi..., s.v.p.	Δῶστε μου ... παρακαλῶ.	ðostè mou...parakalo
un feuilleté aux épinards	μία σπανακόπιττα	mia spanakopita
un feuilleté au fromage	μία τυρόπιττα	mia tiropita
un feuilleté au poulet	μία κοτόπιττα	mia kotopita
un feuilleté à la viande	μία κρεατόπιττα	mia krèatopita
un beefburger	ἕνα μπιφτέκι	èna biftèki
du beurre	βούτυρο	voutiro
des biscuits	μπισκότα	biskota
du chocolat (une plaque)	μία σοκολάτα (μία πλάκα)	mia sokolata (mia plaka)
un feuilleté	πίττα	pita
un gâteau	ἕνα κέϊκ	èna kèik
des gaufrettes	βάφλες	vaflèss
une glace	ἕνα παγωτό	èna pagoto
un hamburger	ἕνα χάμπουργκερ	èna khammbourgher
un hot-dog	ἕνα χότ-ντόγκ	èna khot-dogh
du pain	ψωμί	psomi
une pâtisserie	μία πάστα	mia pasta
un petit pain	ἕνα ψωμάκι	èna psomaki
de la salade	σαλάτα	salata
un sandwich	ἕνα σάντουϊτς	èna sanndouïts
des sucreries	μερικά γλυκά	mèrika glika
un toast	τόστ	tost

Excursions

En avion

Nous serons brefs, car dans n'importe quel aéroport vous trouverez quelqu'un qui parle français. Voici tout de même quelques expressions que vous voulez peut-être connaître...

Parlez-vous français?	Μιλᾶτε Γαλλικά;	milatè galika
Y a-t-il un vol pour Athènes?	Ὑπάρχει πτήση γιά τήν Ἀθήνα;	iparkhi ptissi yia tinn aθina
Quand part le prochain avion pour Rhodes?	Πότε εἶναι τό ἐπόμενο ἀεροπλάνο γιά τή Ρόδο;	potè inè to èpomèno aèroplano yia ti roδo
Puis-je avoir une correspondance pour Cos?	Μπορῶ νά ἔχω ἀνταπόκριση γιά τή Κῶ;	boro na èkho anndapokrissi yia ti ko
J'aimerais un billet pour...	Θά ἤθελα ἕνα εἰσιτήριο γιά τό...	θa iθèla èna issitirio yia to
Combien coûte un billet pour...	Ποιά εἶναι ἡ τιμή γιά τό...	pia inè i timi yia to
aller simple aller-retour	ἁπλή διαδρομή μέ ἐπιστροφή	apli δiaδromi mè èpistrofi
A quelle heure l'avion décolle-t-il?	Τί ὥρα ἀπογειώνεται τό ἀεροπλάνο;	ti ora apoyionètè to aèroplano
A quelle heure dois-je me présenter à l'enregistrement?	Τί ὥρα πρέπει νά εἶμαι στό ἀεροδρόμιο;	ti ora prèpi na imè sto aèroδromio
Quel est le numéro du vol?	Ποιός εἶναι ὁ ἀριθμός τῆς πτήσης;	pioss inè o ariθmoss tiss ptississ
A quelle heure arrivons-nous?	Τί ὥρα φθάνουμε;	ti ora fθanoumè

EXCURSIONS

ΑΦΙΞΗ	ΑΝΑΧΩΡΗΣΗ
ARRIVÉE	DÉPART

En autocar

Les cars sont le moyen de transport idéal en Grèce. Vu le caractère montagneux de son paysage, la Grèce ne se prête pas à l'implantation d'un réseau ferroviaire étendu. Le manque de liaisons ferroviaires est largement compensé par des services de cars fréquents et réguliers à travers tout le pays.

Au départ et en direction d'Athènes, des services d'autocars de luxe vous proposent tout le confort désirable. Mais si vous avez envie de voyager en compagnie de Grecs, empruntez un de ces vieux véhicules agonisants où vous rencontrerez peut-être des personnages pittoresques.

Renseignements

J'aimerais un abonnement de bus.	Θά ήθελα ένα εἰσιτήριο διαρκείας γιά τό λεωφορεῖο.	θa iθela èna issitirio diarkiass yia to lèoforio
Où puis-je prendre un bus pour le Pirée?	Ποῦ μπορῶ νά πάρω ἕνα λεωφορεῖο γιά τό Πειραιᾶ;	pou boro na paro èna lèoforio yia to pirèa
Quel bus dois-je prendre pour Athènes?	Ποιό λεωφορεῖο πρέπει νά πάρω γιά τήν 'Αθήνα;	pio lèoforio prèpi na paro yia tinn aθina
Où est...?	Ποῦ εἶναι...;	pou inè
la gare routière	ὁ σταθμός τῶν λεωφορείων	o staθmoss tonn lèoforionn
la station d'autobus	ἡ στάση	i stassi
le terminus	τό τέρμα	to tèrma
A quelle heure est le... bus pour Halandri?	Πότε εἶναι τό ... λεωφορεῖο γιά τό Χαλάνδρι;	potè inè to ... lèoforio yia to khalannθri
premier/dernier/ prochain	πρῶτο/τελευταῖο/ ἑπόμενο	proto/tèlèftèo/ èpomèno
Dois-je changer de bus?	Πρέπει νά ἀλλάξω λεωφορεῖο;	prèpi na alakso lèoforio
Combien de temps dure le parcours?	Πόση ὥρα εἶναι ἡ διαδρομή;	possi ora inè i θiaθromi

Horaires

Si vous avez l'intention de voyager souvent en autobus, achetez donc un horaire, que vous pouvez obtenir à un guichet de vente des billets, à un bureau de renseignements ou dans une librairie.

J'aimerais un horaire.	Θά ἤθελα νά ἀγοράσω ἕνα ὡράριο.	θa iθèla na agorasso èna orario

Billets

Où est...?	Ποῦ εἶναι...;	pou inè
le bureau de renseignements	τό γραφεῖο πληροφοριῶν	to grafio pliroforion
le guichet des billets	τό γραφεῖο ἐκδόσεως εἰσιτηρίων	to grafio èkδossèoss issitirionn
J'aimerais un billet aller-retour pour Arta.	Θέλω ἕνα εἰσιτήριο μέ ἐπιστροφή γιά τήν Ἄρτα.	θèlo èna issitirio mè èpistrofi yia tinn arta
J'aimerais deux billets aller simple pour Patras.	Θά ἤθελα δύο ἁπλά εἰσιτήρια γιά τή Πάτρα.	θa iθèla δio apla issitiria yia ti patra
Combien coûte un billet pour Lamia?	Πόσο εἶναι τό εἰσιτήριο γιά τή Λαμία;	posso inè to issitirio yia ti lamia
Est-ce demi-tarif pour un enfant? Il a 13 ans.	Ὑπάρχει μισό εἰσιτήριο γιά παιδιά; Εἶναι 13 ἐτῶν.	iparkhi misso issitirio yia pèδia? inè 13 ètonn

---

Εἶναι..., παρακαλῶ.	Cela fait..., je vous prie.
Ἁπλή διαδρομή ἤ μέ ἐπιστροφῆς;	Aller simple ou aller-retour?
Εἶναι μισή τιμή μέχρι 15 ἐτῶν.	C'est demi-tarif jusqu'à 15 ans.

En voiture...

Pardon. Puis-je passer?	Μέ συγχωρεῖτε. Μπορῶ νά περάσω;	mè sinngkhoritè. boro na pèrasso
Cette place est-elle réservée?	Εἶναι κατειλημμένη αὐτή ἡ θέση;	inè katilimèni afti i θèssi
Cette place est-elle libre?	Εἶναι ἐλεύθερη αὐτή ἡ θέση;	inè èlèfθèri afti i θèssi

ΑΠΑΓΟΡΕΥΕΤΑΙ ΤΟ ΚΑΠΝΙΣΜΑ
NON FUMEURS

C'est ma place, je crois.	Νομίζω ὅτι αὐτή εἶναι ἡ θέση μου.	nomizo oti afti inè i θèssi mou
Pouvez-vous me faire signe lorsque nous arriverons à...?	Μπορεῖτε νά μοῦ πεῖτε ὅταν φθάσουμε στό...;	boritè na mou pitè otann fθassoumè sto
Quelle est cette gare?	Ποιός σταθμός εἶναι αὐτός;	pioss staθmoss inè aftoss
Pouvez-vous me dire à quelle heure nous arriverons à...?	Μπορεῖτε νά μοῦ πεῖτε τί ὥρα θά φθάσουμε στό...;	boritè na mou pitè ti ora θa fθassoumè sto
Quand arriverons-nous à...?	Πότε φθάνουμε στό...;	potè fθanoumè sto
Pourriez-vous me dire quand je dois descendre?	Θά μοῦ πεῖτε ποῦ νά κατεβῶ;	θa mou pitè pou na katèvo
Je descendrai au terminus.	Θέλω νά κατεβῶ στό τέρμα.	θèlo na katèvo sto tèrma
Déposez-moi à la prochaine station, s.v.p.	Παρακαλῶ, θέλω νά κατεβῶ στήν ἑπόμενη στάση.	parakalo θèlo na katèvo stinn èpomèni stassi
Puis-je avoir mes bagages, s.v.p.?	Μπορῶ νά ἔχω τίς ἀποσκευές μου, παρακαλῶ;	boro na èkho tiss aposkèvèss mou parakalo

ΣΤΑΣΗ   STATION DE BUS

EXCURSIONS

En train

Vous n'allez certes pas passer tout votre temps à voyager en train ou à flâner aux alentours de la gare de Larissa. C'est pourquoi nous nous en tiendrons à des situations bien déterminées, en vous les présentant dans l'ordre où vous avez le plus de chance de les rencontrer.

Si des questions d'horaire, de billets ou de tarifs vous inquiètent, allez donc dans une agence de voyage où l'on parle français ou renseignez-vous à votre hôtel.

En Grèce les trains sont généralement confortables et ponctuels. Les chemins de fer nationaux grecs relient Athènes au nord et à l'est de la Grèce centrale. Une autre compagnie fonctionne entre Athènes et le Péloponnèse. En fait, le réseau ferroviaire n'est guère développé. La configuration tourmentée du pays en est partiellement responsable. En conséquence, les liaisons par autobus sont plus fréquentes et bien plus régulières que les trains.

Cependant les tarifs ferroviaires sont bas et les étudiants, les enfants et les groupes de plus de dix personnes bénéficient de réductions importantes. On trouve des places assises de première et de deuxième classe. Pour des raisons pratiques et vu les prix modiques, on peut recommander aux touristes de voyager en première classe.

EXCURSIONS

A la gare

Où se trouve la gare ?	Ποῦ εἶναι ὁ σιδη-ροδρομικός σταθμός;	pou inè o siδiroδromikoss staθmoss
Taxi, s.v.p. !	Ταξί, παρακαλῶ!	taksi parakalo
Conduisez-moi à la gare.	Νά μέ πᾶτε στό σιδηροδρομικό σταθμό.	na mè patè sto siδiroδromiko staθmo
Quel est le prix de la course ?	Πόσο κάνει;	posso kani

TAXIS, voir page 27

Renseignements

Est-ce un train direct?	Τό τραῖνο εἶναι κατευθείαν;	to trèno inè katèfθiann
Ce train s'arrête-t-il à Argos?	Αὐτό τό τραῖνο σταματάει στό Ἄργος;	afto to trèno stamata i sto argoss
Quand part le ... train pour Patras?	Πότε εἶναι τό ... τραῖνο γιά τή Πάτρα;	potè inè to ...trèno yia ti patra
premier/dernier/ prochain	πρῶτο/τελευταῖο/ ἐπόμενο	proto/tèlèftèo/ èpomèno
A quelle heure arrive le train de Volos?	Πότε φθάνει τό τραῖνο ἀπό τό Βόλο;	potè fθani to trèno apo to volo
A quelle heure part le train pour...?	Τί ὥρα φεύγει τό τραῖνο γιά...;	ti ora fèvyi to trèno yia
Le train a-t-il du retard?	Τό τραῖνο ἔχει καθυστέρηση;	to trèno èkhi kaθistèrissi
Y a-t-il un wagon-restaurant?	Ὑπάρχει βαγκόν-ρεστωράν στό τραῖνο;	iparkhi vaghonn-rèstorann sto trèno

ΕΙΣΟΔΟΣ	ENTRÉE
ΕΞΟΔΟΣ	SORTIE
ΠΡΟΣ ΤΙΣ ΑΠΟΒΑΘΡΕΣ	QUAIS

Où est...?

Où est...?	Ποῦ εἶναι...;	pou inè
buffet	ὁ μπουφές	o boufèss
bureau des objets trouvés	τό γραφεῖο ἀπωλεσθέντων ἀντικειμένων	to grafio apolèsθènndonn anndikimènonn
consigne	τό γραφεῖο ἀποσκευῶν	to grafio aposkèvonn
kiosque à journaux	τό περίπτερο	to pèriptèro
restaurant	τό ἐστιατόριο	to èstiatorio
salle d'attente	ἡ αἴθουσα ἀναμονῆς	i èθoussa anamoniss
Où sont les toilettes?	Ποῦ εἶναι οἱ τουαλέττες;	pou inè i toualètèss

Sur le quai

Sur quel quai part le train pour Istanbul ?	Ἀπό ποιά ἀποβάθρα φεύγει τό τραῖνο γιά τή Κωνσταντινούπολη;	apo pia apovaθra fèvyi to trèno yia ti konnstann-dinoupoli
Sur quel quai arrive le train de Paris ?	Σέ ποιά ἀποβάθρα φθάνει τό τραῖνο ἀπό τό Παρίσι;	sè pia apovaθra fθani to trèno apo to parissi
Où est le quai 7 ?	Ποῦ εἶναι ἡ ἀποβάθρα 7;	pou inè i apovaθra 7
Est-ce bien le quai du train pour Salonique ?	Εἶναι αὐτή ἡ σωστή ἀποβάθρα γιά τό τραῖνο γιά τή Θεσσαλονίκη;	inè afti i sosti apovaθra yia to trèno yia ti θessaloniki

Τό τραῖνο εἶναι κατευθείαν.	C'est un train direct.
Πρέπει νά ἀλλάξετε στό...	Il faut changer à...
Νά ἀλλάξετε στό ... καί νά πάρετε ἕνα τοπικό τραῖνο.	Changez à ... et prenez un omnibus.
Ἡ ἀποβάθρα ... εἶναι ...	Le quai ... est...
πρός τά ἐκεῖ/κάτω ἀριστερά/δεξιά	là-bas/en bas à gauche/à droite
Τό τραῖνο γιά τό ... θά φύγει στίς ... ἀπό τήν ἀποβάθρα ...	Le train pour... part à... du quai...
Τό τραῖνο ἀπό ... γιά ... θά ἔχει ... λεπτά καθυστέρηση.	Le train de... pour... aura... minutes de retard.
Τό τραῖνο ἀπό τό ... φθάνει τώρα στήν ἀποβάθρα ...	Le train de... arrive au quai...
Ὑπάρχει καθυστέρηση ... λεπτῶν.	Le train est annoncé avec un retard de... minutes.

EXCURSIONS

Durant le trajet, le contrôleur (ὁ ἐλεγκτής – o èlèng**ghtiss**) passera et annoncera: Εἰσιτήρια παρακαλῶ (issi**ti**ria para-**kalo** – Les billets, s'il vous plaît!).

Repas

Si vous désirez un repas complet au wagon-restaurant, attendez que le garçon passe avec sa clochette. Précisez quel service vous préférez:

Premier service, s.v.p.!	Πρώτη τραπεζαρία, παρακαλῶ.	proti trapèzaria parakalo
Second service, s.v.p.!	Δεύτερη τραπεζαρία, παρακαλῶ.	δèftèri trapèzaria parakalo

Mais avant d'entreprendre un long voyage, assurez-vous qu'il y a un wagon-restaurant dans le train.

En wagon-lit

Y a-t-il des compartiments libres dans le wagon-lit?	Ὑπάρχουν ἐλεύθερα διαμερίσματα στό βαγκόν-λί;	iparkhoun èlèfθèra δiamèrizmata sto vaghonn-li
Où est le wagon-lit?	Ποῦ εἶναι τό βαγκόν-λί;	pou inè to vaghonn-li
Les compartiments 18 et 19, s.v.p.	Διαμερίσματα 18 καί 19, παρακαλῶ.	δiamèrizmata 18 kè 19 parakalo
Pourriez-vous préparer nos couchettes?	Θά μπορούσατε νά μᾶς φτιάξετε τά κρεββάτια;	θa boroussatè na mass ftiaksètè ta krèvatia
Pourriez-vous me réveiller à 7 heures?	Θά μπορούσατε νά μέ ξυπνήσετε στίς 7 ἀκριβῶς;	θa boroussatè na mè ksipnissètè stiss 7 akrivoss
Pourriez-vous m'apporter du café demain matin?	Θά μπορούσατε νά μοῦ φέρετε καφέ τό πρωΐ;	θa boroussatè na mou fèrètè kafè to proï

Bagages et porteurs

Pouvez-vous prendre mes bagages?	Μπορεῖτε νά μέ βοηθήσετε μέ τίς ἀποσκευές μου;	boritè na mè voiθissètè mè tiss aposkèvèss mou
Posez-les ici, je vous prie.	Ἀφῆστε τις ἐδῶ παρακαλῶ.	afistè tiss èδo parakalo
Combien de temps le train s'arrête-t-il ici?	Πόση ὥρα θά σταματήσει τό τραῖνο ἐδῶ;	possi ora θa stamatissi to trèno èδo

Perdu!

Espérons que durant votre voyage vous n'aurez pas besoin des phrases que voici... Mais sait-on jamais:

Où est le bureau des objets trouvés?	Πού εἶναι τό γραφεῖο ἀπωλεσθέντων ἀντικειμένων;	pou inè to grafio apolès**θè**ndonn anndikimè**nonn**
J'ai perdu mon/ma...	Ἔχασα τό/τή ... μου.	èkhassa to/ti...mou
ce matin	σήμερα τό πρωΐ	simèra to proï
hier	χθές	khθèss
Je l'ai perdu dans...	Τό/Τήν ἔχασα στό...	to/tinn èkhassa sto
C'est un objet de valeur.	Εἶναι μεγάλης ἀξίας.	inè mè**gal**iss ak**siass**

Métro

Le métro d'Athènes, l'Ηλεκτρικός (ilèktri**koss**), ne possède qu'une ligne qui relie le Pirée à Kifissia. C'est un moyen de transport très pratique pour se déplacer à travers le Pirée et Athènes.

Très avantageux, il fonctionne de 5 heures à 1 heure du matin.

Vous trouverez le plan des stations dans chaque compartiment.

Où est la station de métro la plus proche?	Πού εἶναι ὁ κοντινότερος σταθμός τοῦ Ἡλεκτρικοῦ;	pou inè o konndi**no**tè**ross** sta**θ**moss tou ilèktri**kou**
Quel est le tarif pour le Pirée?	Πόσο κάνει τό εἰσιτήριο γιά τό Πειραιᾶ;	posso kani to issitirio yia tonn pirèa

Bateaux

Un vieux proverbe grec prétend que la mer ne divise pas la nation, mais l'unit. De nombreux bateaux relient Athènes non seulement aux îles, mais aussi à la plupart des villes côtières. Les principaux offices maritimes se trouvent au Pirée, mais l'on peut obtenir des billets dans la plupart des agences de voyage d'Athènes et des villes grecques importantes.

Nombre de bâtiments, desservant une bonne douzaine de lignes, sillonnent la Mer Egée, le golfe Saronique et la Mer Ionienne, et relient le Pirée aux diverses villes qui parsèment la côte grecque. Le Pirée, Patras, Corfou, Igoumenitsa et Rhodes sont les principaux ports du pays.

Beaucoup de ces bateaux sont en fait des ferry-boats et offrent aux propriétaires de voitures la possibilité de combiner une croisière en Méditerranée avec une visite des sites touristiques. Les ferry-boats transportent aussi bien les passagers que les voitures. Les prix sont très raisonnables, surtout le long du littoral.

Autres moyens de transport

auto-stop	ὼτο-στόπ	otostop
bateau	βάρκα/πλοῖο	varka/plio
bateau à moteur	βάρκα μέ μηχανή	varka mè mikhani
bateau à rames	βάρκα μέ κουπί	varka mè koupi
bateau à voiles	βάρκα μέ πανί	varka mè pani
maison flottante	σκεπαστή βάρκα	skèpasti varka
bicyclette	ποδήλατο	poðilato
équitation	ἱππασία	ipassia
hélicoptère	ἑλικόπτερο	èlikoptèro
scooter	βέσπα	vèspa

et si vous êtes vraiment en panne, allez...

à pied	μέ τά πόδια	mè ta poðia

Visites touristiques

Dans ce chapitre, nous traiterons des aspects culturels plutôt que des divertissements, et, pour l'instant, de la ville plutôt que de la campagne. Si vous désirez un guide (livre), alors demandez...

Pouvez-vous me recommander un bon guide pour...?	Μπορεῖτε νά μοῦ συστή- σετε ἕνα καλό τουρι- στικό ὁδηγό γιά...;	boritè na mou sistissètè èna kalo touristiko oðigo yia
Y a-t-il ici un office du tourisme?	Ὑπάρχει τουριστικό γραφεῖο;	iparkhi touristiko grafio
Où est l'office du tourisme?	Ποῦ εἶναι τό γραφεῖο τοῦ τουρισμοῦ;	pou inè to grafio tou tourizmou
Que faut-il surtout visiter?	Ποιά εἶναι τά πιό ἐνδιαφέροντα μέρη;	pia inè ta pio ènðiafèronda mèri
Nous ne sommes ici que pour...	Εἴμαστε ἐδῶ μόνο γιά...	imastè èðo mono yia
quelques heures	λίγες ὧρες	liyèss orèss
un jour	μία ἡμέρα	mia imèra
trois jours	τρεῖς ἡμέρες	triss imèrèss
une semaine	μία ἑβδομάδα	mia èvðomaða
Pouvez-vous me recommander un tour de ville?	Μπορεῖτε νά μοῦ συστήσετε μία τουριστική ἐκδρομή;	boritè na mou sistissètè mia touristiki èkðromi
D'où part le bus?	Ἀπό ποῦ ξεκινάει τό λεωφορεῖο;	apo pou ksèkinai to lèoforio
Vient-il nous prendre à l'hôtel?	Θά μᾶς πάρει ἀπό τό ξενοδοχεῖο;	θa mass pari apo to ksènoðokhio
Quel bus/trolleybus devons-nous prendre?	Ποιό λεωφορεῖο/ τρόλλεϋ νά πάρουμε;	pio lèoforio/trolèi na paroumè
Combien coûte le tour?	Πόσο κοστίζει ἡ ἐκδρομή;	posso kostizi i èkðromi
A quelle heure partons-nous?	Τί ὧρα ἀρχίζει ἡ ἐκδρομή;	ti ora arkhizi i èkðromi
Nous aimerions louer une voiture pour la journée.	Θά θέλαμε νά νοικιά- σουμε ἕνα αὐτοκίνητο γιά τήν ἡμέρα.	θa θèlamè na nikiassoumè èna aftokinito yia tinn imèra

VISITES TOURISTIQUES

HEURES, voir page 178

Y a-t-il un guide qui parle français?	Ὑπάρχει ξεναγός πού νά μιλάει Γαλλικά;	iparkhi ksènagoss pou na milai galika
Où est/sont...?	Ποῦ εἶναι...;	
abbaye	τό μοναστήρι	to monastiri
antiquités	οἱ ἀρχαιότητες	i arkhèotitèss
aquarium	τό ἐνυδρεῖο	to ènidrio
bâtiment	τό κτίριο	to ktirio
bibliothèque	ἡ βιβλιοθήκη	i vivlioθiki
bourse	τό χρηματιστήριο	to khrimatistirio
cathédrale	ἡ μητρόπολη	i mitropoli
caverne	τό σπήλαιο	to spilèo
centre commercial	τά κεντρικά καταστή-ματα	ta kèndrika katastimata
centre-ville	τό κέντρο τῆς πόλης	ta kèndro tiss poliss
château	ὁ πύργος	o pirgoss
cimetière	τό νεκροταφεῖο	to nèkrotafio
couvent	τό μοναστήρι	to monastiri
docks	οἱ ἀποβάθρες τοῦ λιμανιοῦ	i apovaθrèss tou limaniou
église	ἡ ἐκκλησία	i èklissia
exposition	ἡ ἔκθεση	i èkθèssi
fontaine	ἡ πηγή	i piyi
forteresse	τό φρούριο	to frourio
galerie d'art	ἡ γκαλερί τέχνης	i galèri tèkhniss
grotte	τό σπήλαιο	to spilèo
hôtel de ville	τό δημαρχεῖο	to δimarkhio
jardins	οἱ κῆποι	i kipi
jardin botanique	ὁ βοτανικός κῆπος	o votanikoss kiposs
jardin zoologique	ὁ ζωολογικός κῆπος	o zooloyikoss kiposs
lac	ἡ λίμνη	i limni
marché	ἡ ἀγορά	i agora
monastère	τό μοναστήρι	to monastiri
monument	τό μνημεῖο	to mnimio
mosquée	τό τζαμί	to dzami
musée	τό μουσεῖο	to moussio
observatoire	τό ἀστεροσκοπεῖο	to astèroskopio
opéra	ἡ ὄπερα (λυρική σκηνή)	i opèra (liriki skini)
palais	τό παλάτι	to palati
parc	τό πάρκο	to parko
pavillon	τό περίπτερο	to pèriptèro
port	τό λιμάνι	to limani
poste	τό ταχυδρομεῖο	to takhiδromio
quartier des affaires	τό ἐμπορικό κέντρο	to èmboriko kèndro
quartier des artistes	ἡ συνοικία τῶν καλλι-τεχνῶν	i simikia tonn kalitèkhnonn

ruines	τά ἐρείπια	ta èripia
salle de concerts	ἡ αἴθουσα συναυλιῶν	i èthoussa sinavlionn
stade	τό στάδιο	to staðio
statue	τό ἄγαλμα	to agalma
synagogue	ἡ συναγωγή	i sinagoyi
temple	ὁ ναός	o naoss
tombe	ὁ τάφος	o tafoss
tour	ὁ πύργος	o pirgoss
tribunal	τό δικαστήριο	to ðikastirio
université	τό πανεπιστήμιο	to panèpistirio
usine	τό ἐργοστάσιο	to èrgostassio

Entrée

Est-ce que... est ouvert le dimanche ?	Εἶναι ἀνοικτό... τίς Κυριακές;	inè anikto...tiss kiriakèss
Quelle est l'heure d'ouverture/ferme-ture ?	Πότε ἀνοίγει/ κλείνει;	potè aniyi/klini
Combien coûte l'entrée ?	Πόσο κοστίζει ἡ εἴσοδος;	posso kostizi i issoðoss
Y a-t-il une réduction pour... ?	Ὑπάρχει ἔκπτωση γιά...;	iparkhi èkptossi yia
étudiants/enfants	φοιτητές/παιδιά	fititèss/pèðia
Voici mon billet.	Νά τό εἰσιτήριό μου.	na to issitirio mou
Voici nos billets.	Νά τά εἰσιτήριά μας.	na ta issitiria mass
Puis-je acheter un catalogue ?	Μπορῶ νά ἀγοράσω ἕνα κατάλογο;	boro na agorasso èna katalogo
Est-il permis de photographier ?	Ἐπιτρέπεται νά πάρω φωτογραφίες;	èpitrèpètè na paro fotografièss

| ΕΙΣΟΔΟΣ ΕΛΕΥΘΕΡΑ | ENTRÉE LIBRE |
| ΦΩΤΟΓΡΑΦΙΚΕΣ ΜΗΧΑΝΕΣ ΑΠΑΓΟΡΕΥΟΝΤΑΙ | APPAREILS DE PHOTO INTERDITS |

Qui – Quoi – Quand?

Quel est ce bâtiment?	Ποιό εἶναι αὐτό τό κτίριο;	pio inè afto to ktirio
Qui en est le/l'...	Ποιός ἦταν ὁ...;	pioss itann o
architecte	ἀρχιτέκτονας	arkhitèktonass
artiste	καλλιτέχνης	kalitèkhniss
peintre	ζωγράφος	zografoss
sculpteur	γλύπτης	gliptiss
Qui l'a construit?	Ποιός τό ἔκτισε;	pioss to èktissè
Qui a peint ce tableau?	Ποιός ζωγράφισε αὐτό τό πίνακα;	pioss zografissè afto to pinaka
Quand a-t-il vécu?	Πότε ἔζησε;	potè èzissè
Quand cela a-t-il été construit?	Πότε κτίστηκε;	potè ktistikè
Où est la maison dans laquelle... a vécu	Ποῦ εἶναι τό σπίτι ποὺ ἔζησε ὁ/ἡ...;	pou inè to spiti pou èzissè o/i
Nous nous intéressons à...	Ἐνδιαφερόμαστε γιά...	ènðiafèromastè yia
antiquités	ἀντίκες	anndikèss
archéologie	ἀρχαιολογία	arkhèoloyia
art	τέχνη	tèkhni
artisanat local	τοπική λαϊκή τέχνη	topiki laïki tèkhni
beaux-arts	καλές τέχνες	kalèss tèkhnèss
botanique	βοτανική	votaniki
céramique	κεραμική	kèramiki
géologie	γεωλογία	yèoloyia
histoire	ἱστορία	istoria
histoire naturelle	φυσική ἱστορία	fissiki istoria
médecine	ἰατρική	iatriki
mobilier	ἔπιπλα	èpipla
monnaies	νομίσματα	nomizmata
musique	μουσική	moussiki
ornithologie	ὀρνιθολογία	orniθoloyia
peinture	ζωγραφική	zografiki
poterie	ἀγγειοπλαστική	anngghioplastiki
sculpture	γλυπτική	gliptiki
zoologie	ζωολογία	zooloyia
Où est la section...?	Ποῦ εἶναι τό τμῆμα...;	pou inè to tmima

Voici l'adjectif que vous cherchiez...

C'est...	Εἶναι...	inè
affreux	τρομερό	tromèro
beau/joli	ὡραῖο	orèo
étonnant	καταπληκτικό	katapliktiko
étrange	παράξενο	paraksèno
hideux	φρικτό	frikto
intéressant	ἐνδιαφέρον	ènðiafèronn
laid	ἄσχημο	askhimo
lugubre	σκοτεινό	skotino
magnifique	μεγαλοπρεπές	mègaloprèpèss
monumental	μνημειῶδες	mnimioðèss
prodigieux	συναρπαστικό	sinarpastiko
sinistre	ὀλέθριο	olèθrio
stupéfiant	ἐκπληκτικό	èkpliktiko
superbe	θαυμάσιο	θavmassio
terrifiant	τρομακτικό	tromaktiko

Services religieux

L'Eglise orthodoxe grecque prédomine dans tout le pays. A Athènes et dans les autres grandes villes vous trouverez également des églises catholiques romaines, protestantes, voire une synagogue.

Les églises sont ouvertes jusqu'au crépuscule et l'entrée y est libre. Si vous désirez prendre des photos, demandez la permission.

Y a-t-il une... près d'ici?	Ὑπάρχει μία ... ἐδῶ κοντά;	iparkhi mia...èðo konnda
église catholique	Καθολική ἐκκλησία	kaθoliki èklissia
église protestante	ἐκκλησία Διαμαρτυρομένων	èklissia ðiamartiromènonn
synagogue	συναγωγή	sinagoyi
mosquée	τζαμί	dzami
Où puis-je trouver un... qui parle français?	Ποῦ μπορῶ νά βρῶ ἕνα... πού νά μιλᾶ Γαλλικά;	pou boro na vro èna... pou na mila galika
prêtre catholique/ orthodoxe	Καθολικό/Ὀρθόδοξο παπᾶ	kaθoliko/orθoðokso papa
pasteur	Προτεστάντη κληρικό	protèstanndi kliriko
rabbin	ραβῖνο	ravino

Divertissements

Cinéma – Théâtre

En Grèce, les séances de cinéma sont généralement permanentes, et l'on ne peut guère réserver ses places à l'avance. Le programme comprend en principe un long métrage, des actualités ou un documentaire, ainsi que des films publicitaires, qu'on passe volontiers à l'entracte. La première séance commence en général à 16 h. et la dernière à 22.30 h. Les places du parterre sont plus chères que celles du balcon.

En été, presque tous les cinémas fonctionnent en plein air. Les films étrangers passent toujours en version originale sous-titrée en grec. Quant aux programmes, vous les trouverez dans les journaux.

Pour ce qui est des théâtres, Athènes en possède une vingtaine. En été, les représentations se donnent en plein air. Les théâtres font relâche le lundi et, deux ou trois jours par semaine, proposent une matinée et une soirée. La soirée débute à 22 h. ; mieux vaut réserver.

De juillet à septembre, divers orchestres symphoniques, troupes de théâtre et corps de ballet se produisent à Athènes. Le Théâtre National Grec joue les célèbres tragédies antiques au théâtre d'Herodius Atticus, près de l'Acropole. Les spectacles de danse grecque traditionnelle ont lieu sur la colline de Philopappos.

Qu'y a-t-il au cinéma ce soir ?	Τί παίζουν στό κινηματογράφο ἀπόψε;	ti pèzoun sto kinimatografo apopsè
Que donne-t-on au Théâtre National ?	Τί παίζουν στό Ἐθνικό Θέατρο;	ti pèzoun sto èthniko thèatro
De quel genre de pièce s'agit-il ?	Τί εἴδους ἔργο εἶναι;	ti idouss èrgo inè
Qui en est l'auteur ?	Ποιός εἶναι ὁ συγγραφέας;	pioss inè o sinngghrafèas

Où passe-t-on le nouveau film de...?	Ποῦ παίζεται αὐτό τό νέο ἔργο τοῦ...;	pou pèzètè afto to nèo èrgo tou
Pouvez-vous me recommander...?	Μπορεῖτε νά μοῦ συστήσετε...;	borìtè na mou sistissètè
un bon film	ἕνα καλό φίλμ	èna kalo film
une comédie	μία κωμωδία	mia komoðia
quelque chose de léger	κάτι εὐχάριστο	kati èfkharisto
un drame	ἕνα δράμα	èna ðrama
une comédie musicale	ἕνα μουσικοχορευτικό	èna moussikokhorèftiko
une revue	μία ἐπιθεώρηση	mia èpiθèorissi
un film policier	ἕνα ἀστυνομικό	èna astinomiko
un western	ἕνα καουμπόϊκο	èna kaouboïko
A quel théâtre joue-t-on la nouvelle pièce de...?	Σέ ποιό θέατρο παίζεται αὐτό τό νέο ἔργο τοῦ...;	sè pio θèatro pèzètè afto to nèo èrgo tou
Qui y joue?	Ποιός παίζει;	pioss pèzi
Qui y tient le rôle principal?	Ποιός εἶναι ὁ πρωταγωνιστής;	pioss inè o protagonistiss
Qui est le metteur en scène?	Ποιός εἶναι ὁ σκηνοθέτης;	pioss inè o skinoθètiss
A quelle heure commence le spectacle?	Τί ὥρα ἀρχίζει;	ti ora arkhizi
A quelle heure finit-il?	Τί ὥρα τελειώνει τό θέαμα;	ti ora tèlioni to θèama
Y a-t-il encore des billets pour ce soir?	Ὑπάρχουν εἰσιτήρια γι'ἀπόψε;	iparkhoun issitiria yiapopsè
Je désire réserver 2 places pour la représentation de vendredi soir.	Θέλω νά κρατήσω 2 εἰσιτήρια γιά τή Παρασκευή βράδυ.	θèlo na kratisso 2 issitiria yia ti paraskèvi vraði
Puis-je avoir un billet pour la matinée de mardi?	Μπορῶ νά ἔχω ἕνα εἰσιτήριο γιά τήν ἀπογευματινή τῆς Τρίτης;	boro na èkho èna issitirio yia tinn apoyèvmatini tiss tritiss
J'aimerais une place au parterre.	Θέλω μία θέση στή πλατεία.	θèlo mia θèssi sti platia
Pas trop en arrière.	Ὄχι πολύ πίσω.	okhi poli pisso
Combien coûtent les places au balcon?	Πόσο κάνουν οἱ θέσεις στόν ἐξώστη;	posso kanoun i θèssiss stonn èksosti

Puis-je avoir un programme, s.v.p. ?	Μπορῶ νά ἔχω ἕνα πρόγραμμα, παρακαλῶ;	boro na èkho èna programa parakalo
Puis-je déposer ce manteau au vestiaire ?	Μπορῶ νά ἀφήσω αὐτό τό παλτό στό βεστιάριο;	boro na afisso afto to palto sto vèstiario
Voici mon billet.	Ὁρίστε τό εἰσιτήριό μου.	oristè to issitirio mou

Opéra – Ballet – Concert

Où est l'opéra ?	Ποῦ εἶναι ἡ Ὄπερα;	pou inè i opèra
Où est la salle de concerts ?	Ποῦ εἶναι ἡ αἴθουσα συναυλιῶν;	pou inè i èthoussa sinavlionn
Que donne-t-on à l'opéra ce soir ?	Τί παίζεται στήν Ὄπερα ἀπόψε;	ti pèzètè stinn opèra apopsè
Qui chante ?	Ποιός τραγουδάει;	pioss tragoudai
Qui danse ?	Ποιός χορεύει;	pioss khorèvi
A quelle heure commence le spectacle ?	Τί ὥρα ἀρχίζει τό πρόγραμμα;	ti ora arkhizi to programa
Quel orchestre joue ?	Ποιά ὀρχήστρα παίζει;	pia orkhistra pèzi
Que joue-t-on ?	Τί παίζουν;	ti pèzoun
Qui est le chef d'orchestre ?	Ποιός εἶναι ὁ διευθυντής τῆς ὀρχήστρας;	pioss inè o dièfthinndiss tiss orkhistrass

Μέ συγχωρεῖτε, δέν ὑπάρχουν ἄλλα εἰσιτήρια.	Je regrette, tout est vendu.
Ἔχουν μείνει μόνο λίγες θέσεις στόν ἐξώστη.	Il ne reste que quelques places au balcon.
Μπορῶ νά δῶ τό εἰσιτήριό σας;	Puis-je voir votre billet ?
Αὐτή εἶναι ἡ θέση σας.	Voici votre fauteuil.

Boîtes de nuit

La plupart des boîtes de nuit et des discothèques se trouvent dans les hôtels de luxe, dans le quartier de la Plaka à Athènes ou près des plages dans les stations touristiques. Elles sont généralement d'un bon niveau, surtout lorsqu'elles présentent des spectacles grecs typiques. Parfois, une *taverna* qui combine spécialités grecques et divertissements vaut mieux qu'une boîte de nuit, du point de vue du goût comme de celui du prix.

La discothèque grecque n'est pas tant un lieu où l'on danse qu'un endroit où se produisent des chanteurs ou des orchestres populaires. Par ailleurs, on trouve de nombreux bars-dancing accessibles à la bourse des jeunes et ouverts jusqu'au petit matin. Un costume sombre suffit dans la plupart des boîtes de nuit réputées, alors qu'il n'est même pas nécessaire dans les discothèques et les bars.

Pouvez-vous me recommander une bonne boîte de nuit?	Μπορεῖτε νά μοῦ συστήσετε ἕνα καλό νυκτερινό κέντρο (νάϊτ-κλάμπ);	borítè na mou sistissètè èna kalo niktèrino kèndro (nait-klab)
Y a-t-il un spectacle de cabaret?	Ἔχει ἐπιθεώρηση πίστας;	èkhi èpiθèorissi pistass
A quelle heure commence le spectacle?	Τί ὥρα ἀρχίζει ἡ ἐπιθεώρηση πίστας;	ti ora arkhizi i èpiθèorissi pistass
La tenue de soirée est-elle de rigueur?	Εἶναι ἀπαραίτητο τό βραδυνό ροῦχο;	inè aparètito to vraðino roukho

A l'intérieur...

Une table pour 2, je vous prie.	Ἕνα τραπέζι γιά 2, παρακαλῶ.	èna trapèzi yia 2 parakalo
Je m'appelle... J'ai réservé une table pour 4.	Τό ὄνομά μου εἶναι... Κράτησα ἕνα τραπέζι γιά 4.	to onoma mou inè... kratissa èna trapèzi yia 4
Je vous ai téléphoné tout à l'heure.	Σᾶς τηλεφώνησα νωρίτερα.	sass tilèfonissa noritèra
Nous n'avons pas réservé.	Δέν ἔχουμε κρατήσει τραπέζι.	ðèn èkhoumè kratissi trapèzi

Dancing

Où pouvons-nous aller danser?	Ποῦ μποροῦμε νά πᾶμε νά χορέψουμε;	pou boroumè na pamè na khorèpsoumè
Y a-t-il une discothèque dans les environs?	Ὑπάρχει μία δισκοθήκη κάπου ἐδῶ κοντά;	iparkhi mia ðiskoθiki kapou èðo konnda
Il y a un bal à...	Γίνεται ἕνας χορός στό...	yinètè ènass khoross sto
Vous dansez?	Θά θέλατε νά χορέψετε;	θa θèlatè na khorèpsètè
M'accordez-vous cette danse?	Χορεύουμε;	khorèvoumè

Aimez-vous jouer?

Les jours de pluie, cette page peut vous être utile.

Jouez-vous aux échecs?	Μήπως παίζετε σκάκι;	miposs pèzètè skaki
Non, je regrette.	Λυπᾶμαι, ὄχι.	lipamè okhi
Non, mais je jouerais volontiers aux dames.	Ὄχι, ἀλλά θά ἔπαιζα μία παρτίδα ντάμα.	okhi ala θa èpèza mia partiða dama
roi	βασιλιᾶς	vassiliass
reine	βασίλισα	vassilissa
tour	πύργος	pirgoss
fou	τρελλός	trèloss
cavalier	ἱππότης	ipotiss
pion	πιόνι	pioni
Jouez-vous aux cartes?	Παίζετε χαρτιά;	pèzètè khartia
bridge	μπρίτζ	bridz
whist	γουΐστ	gouïst
vingt-et-un	εἴκοσι ἕνα	ikossi èna
poker	πόκερ	pokèr
as	ἄσσος	assoss
roi	ρήγας	rigass
reine	ντάμα	dama
valet	βαλές	valèss
joker	τζόκερ	dzokèr

pique	σπαθί	spaθi
cœur	κούπα	koupa
carreau	καρρώ	karo
trèfle	μπαστούνι	bastouni

Il se peut que vous aperceviez, dans un petit café ou une *taverna,* un groupe de gens occupés à des jeux de cartes compliqués. Il vaut mieux ne pas les interrompre, mais si vous êtes vraiment curieux...

| A quel jeu jouez-vous? | Τί παίζετε; | ti pèzètè |

Voici à quoi ils peuvent jouer:

| πρέφα | prèfa | πινάκλ | pinakl |
| κούμ-κάν | koumkann | ραμί | rami |

Casino

Vous trouverez des casinos à Corfou et sur l'île de Rhodes. Sur le mont Parnès, à un peu plus d'une heure de car d'Athènes, on a construit un nouveau casino qui attire Grecs et étrangers, surtout durant l'hiver. Vous devrez y montrer votre passeport et avoir plus de 21 ans.

La langue en usage dans les casinos est essentiellement le grec, mais vous trouverez toujours quelqu'un qui comprenne assez de français pour vous renseigner.

DIVERTISSEMENTS

Sports

Son climat doux, la mer et ses innombrables îles font de la Grèce le paradis des sports d'été, des sports nautiques en particulier. Le ski nautique peut se pratiquer dans les nombreuses écoles qu'on trouve tout au long des côtes.

La pêche sous-marine est partout autorisée en Grèce, à condition d'utiliser un équipement de plongée. Vous devrez plonger à une distance de 100 mètres au moins des établissements de bains ou du matériel d'un pêcheur professionnel. L'usage d'armes à air comprimé n'est autorisé que dans la mer Ionienne et en Chalcidique. Pour tout renseignement complémentaire, adressez-vous à la Fédération Grecque de Pêche Sportive ou aux commerçants spécialisés en articles sous-marins, que vous trouverez à Athènes dans le quartier d'Aghios Cosmas.

Navigation : il existe de nombreux ports de plaisance bien équipés où vous pourrez amarrer votre yacht, qu'il soit à voiles ou à moteur, que vous l'ayez loué ou qu'il vous appartienne.

Où est le terrain de golf le plus proche ?	Ποῦ εἶναι τό κοντινότερο γήπεδο γκόλφ;	pou inè to konndinotèro yipèδo gholf
Pouvons-nous louer des crosses ?	Μποροῦμε νά νοικιάσουμε μπαστούνια γιά τό γκόλφ;	boroumè na nikiassoumè bastounia yia to gholf
Où sont les courts de tennis ?	Ποῦ εἶναι τά γήπεδα τοῦ τέννις;	pou inè ta yipèδa tou tèniss
Puis-je louer des raquettes ?	Μπορῶ νά νοικιάσω ρακέτες;	boro na nikiasso rakètèss
Quel est le prix par... ?	Πόσο κοστίζει...;	posso kostizi
jour	ἡ ἡμέρα	i imèra
partie	ὁ γῦρος	o yiross
heure	ἡ ὥρα	i ora
Où est le champ de courses le plus proche ?	Ποῦ εἶναι ὁ κοντινότερος ἱππόδρομος;	pou inè o konndinotèross ipoδromoss
Combien coûte l'entrée ?	Πόσο κοστίζει ἡ εἴσοδος;	posso kostizi i issoδoss

Y a-t-il une piscine ici?	Ὑπάρχει πισίνα ἐδῶ;	iparkhi pissina èδo
Est-elle à ciel ouvert ou couverte?	Εἶναι ἀνοικτή ἤ σκεπαστή;	inè anikti i skèpasti
Est-elle chauffée?	Θερμαίνεται;	θèrmènètè
Peut-on nager dans le lac?	Μπορεῖ κανείς νά κολυμπήσει στή λίμνη;	bori kaniss na kolimbissi sti limni
J'aimerais assister à un match de boxe.	Θά ἤθελα νά δῶ ἕνα ἀγώνα μπόξ.	θa iθèla na δo èna agona boks
Il y a un combat de poids légers ce soir au stade...	Γίνεται ἕνας πυγμαχικός ἀγώνας ἐλαφρῶν βαρῶν ἀπόψε στό Στάδιο...	yinètè ènass pigmakhikoss agonas èlafronn varonn apopsè sto staδio
Pouvez-vous me procurer deux billets?	Μπορεῖτε νά μοῦ βρεῖτε δύο εἰσιτήρια;	boritè na mou vritè δio issitiria
Y a-t-il quelque part un match de football samedi?	Γίνεται κάπου ἕνας ποδοσφαιρικός ἀγώνας αὐτό τό Σάββατο;	yinètè kapou ènass poδosfèrikoss agonass afto to savato
Qui joue?	Ποιός παίζει;	pioss pèzi
Y a-t-il dans les environs un bon coin pour la pêche?	Ὑπάρχει καλό ψάρεμα ἐδῶ κοντά;	iparkhi kalo psarèma èδo konnda
Un permis est-il nécessaire?	Χρειάζομαι ἄδεια;	khriazomè aδia
Où puis-je m'en procurer un?	Ποῦ μπορῶ νά βγάλω μία;	pou boro na vgalo mia

DIVERTISSEMENTS

Sur la plage

Comment est la plage – sable fin, galets ou rochers?	Πῶς εἶναι ἡ πλάζ — ἔχει ἄμμο, χαλίκια, βράχια;	poss inè i plaz – èkhi amo khalikia vrakhia
Peut-on nager sans danger?	Μπορούμε νά κολυμπήσουμε χωρίς κίνδυνο;	boroumè na kolimmbissoumè khoriss kinnδino
Y a-t-il un maître nageur?	Ὑπάρχει ἀκτοφύλακας;	iparkhi aktofilakass
Est-ce sans danger pour les enfants?	Εἶναι ἀκίνδυνα γιά τά παιδιά;	inè akinnδina yia ta pèδia
C'est très calme.	Εἶναι πολύ ἤρεμα.	inè poli irèma

Il y a parfois de hautes vagues.	Ὑπάρχουν μεγάλα κύματα.	iparkhoun mègala kimata
Y a-t-il des courants dangereux ?	Ὑπάρχουν ἐπικίνδυνα ρεύματα;	iparkhoun èpikinnδina rèvmata
A quelle heure est la marée haute ?	Ποιά ὥρα ἔχει παλίροια;	pia ora èkhi paliria
A quelle heure est la marée basse ?	Ποιά ὥρα ἔχει ἄμπωτη;	pia ora èkhi ammboti
Quelle est la température de l'eau ?	Ποιά εἶναι ἡ θερμοκρασία τοῦ νεροῦ;	pia inè i θèrmokrassia tou nèrou
J'aimerais louer...	Θέλω νά νοικιάσω...	θèlo na nikiasso
une cabine	μία καμπίνα	mia kabina
une chaise longue	μία πολυθρόνα	mia poliθrona
un équipement de plongée	μία στολή γιά ὑποβρύχιο ψάρεμα	mia stoli yia ipovrikhio psarèma
un matelas pneumatique	ἕνα στρῶμα γιά τή θάλασσα	èna stroma yia ti θalassa
un parasol	μία τέντα γιά τόν ἥλιο	mia tènda yia tonn ilio
une planche de surf	ἕνα κανώ γιά σέρφ	èna kano yia sèrf
une tente	μία τέντα	mia tènda
des skis nautiques	θαλάσσια σκί	θalassia ski
Où puis-je louer...?	Ποῦ μπορῶ νά νοικιάσω...	pou boro na nikiasso
un canoë	ἕνα κανώ	èna kano
un bateau à moteur	μία βάρκα μέ μηχανή	mia varka mè mikhani
un bateau à rames	μία βάρκα μέ κουπί	mia varka mè koupi
un bateau à voiles	μία βάρκα μέ πανί	mia varka mè pani
Quel est le prix à l'heure ?	Πόσο κοστίζει ἡ μία ὥρα;	posso kostizi i mia ora

ΙΔΙΩΤΙΚΗ ΠΛΑΖ **PLAGE PRIVÉE**	ΑΠΑΓΟΡΕΥΕΤΑΙ ΤΟ ΚΟΔΥΜΠΙ **BAIGNADE INTERDITE**

Camping – A la campagne

Le camping est autorisé sur presque tout le territoire grec, sauf près des sites archéologiques. Actuellement, les terrains de camping officiels sont organisés par l'Office du Tourisme Grec, l'Automobile Club, le Touring Club ou des entreprises privées.

On trouve des terrains de camping dans tout le pays, surtout à proximité du littoral. La carte internationale de camping donne droit à une réduction de 10%. Si vous désirez camper sur un terrain privé, demandez-en d'abord l'autorisation au propriétaire.

Peut-on camper ici?	Μποροῦμε νά κατα-σκηνώσουμε ἐδῶ;	boroumè na kataskinossoumè èðo
Où pouvons-nous camper cette nuit?	Ποῦ μπορεῖ κανείς νά κατασκηνώσει τή νύκτα;	pou bori kaniss na kataskinossi ti nikta
Y a-t-il un terrain de camping près d'ici?	Ὑπάρχει ἕνα μέρος γιά κάμπινγκ ἐδῶ κοντά;	iparkhi èna mèross yia kammpinngh èðo konnda
Pouvons-nous camper dans votre champ?	Μποροῦμε νά κατα-σκηνώσουμε στό χωράφι σας;	boroumè na kataskinossoumè sto khorafi sass
Pouvons-nous garer notre caravane ici?	Μποροῦμε νά ἀφή-σουμε τό τροχόσπι-τό μας ἐδῶ;	boroumè na afissoumè to trokhospito mass èðo
Est-ce un terrain de camping officiel?	Αὐτό εἶναι ἕνα ἐπί-σημο μέρος γιά κάμπινγκ;	afto inè èna èpissimo mèross yia kammpinngh
Peut-on faire du feu?	Μποροῦμε νά ἀνά-ψουμε φωτιά;	boroumè na anapsoumè fotia
Y a-t-il de l'eau potable?	Τό νερό εἶναι πόσιμο;	to nèro inè possimo
Y a-t-il...?	Ὑπάρχουν...;	iparkhoun
bains	λουτρά	loutra
douches	ντούς	dous
toilettes	τουαλέττες	toualètèss

Y a-t-il des magasins sur place ?	Μπορούμε νά ψωνίσουμε στό κάμπινγκ;	boroumè na psonissoumè sto kammpinngh
Quel est le prix... ?	Πόσο κοστίζει...;	posso kostizi
par jour	τήν ἡμέρα	tinn imèra
par personne	τό ἄτομο	to atomo
pour une voiture	γιά ἕνα αὐτοκίνητο	yia èna aftokinito
pour une tente	γιά μία τέντα	yia mía tènda
pour une caravane	γιά ἕνα τροχόσπιτο	yia èna trokhospito
Y a-t-il une auberge de jeunesse près d'ici ?	Ὑπάρχει ξενόνας νεότητας κάπου ἐδῶ κοντά;	iparkhi ksènonass nèotitass kapou èdo konnda
Connaissez-vous quelqu'un qui puisse nous héberger pour la nuit ?	Ξέρετε κάποιον πού νά μᾶς βρεῖ ποῦ νά κοιμηθοῦμε τή νύκτα;	ksèrètè kapionn pou na mass vrì pou na kimiθoumè ti nikta

---

ΑΠΑΓΟΡΕΥΕΤΑΙ ΤΟ ΚΑΜΠΙΝΓΚ
CAMPING INTERDIT

ΑΠΑΓΟΡΕΥΟΝΤΑΙ ΤΑ ΤΡΟΧΟΣΠΙΤΑ
INTERDIT AUX CARAVANES

Points de repère

arbre	δέντρο	dèndro
auberge	πανδοχεῖο	pannδokhio
bac	πορθμεῖο	porθmio
bâtiment	κτίριο	ktirio
canal	κανάλι	kanali
chaîne de montagnes	ὀροσειρά	orossira
chalet	ἐξοχικό σπίτι	èksokhiko spiti
champ	χωράφι	khorafi
chemin	δρόμος	δromoss
chute d'eau	καταρράκτης	kataraktiss
colline	λόφος	lofoss
cours d'eau	χείμαρρος	khimaross
église	ἐκκλησία	èklissia
étang	μικρή λίμνη	mikri limni
falaise	γκρεμός	ghrèmoss
ferme	ἀγρόκτημα	agroktima
fleuve	ποταμός	potamoss
forêt	δάσος	δassoss
fossé	αὐλάκι	avlaki

grange	σιταποθήκη	sitapoθiki
hameau	χωριουδάκι	khoriouðaki
lac	λίμνη	limni
lande	ρείκι	riki
maison	σπίτι	spiti
montagne	βουνό	vouno
pic	κορυφή	korifi
plantation	φυτεία	fitia
pont	γέφυρα	yèfira
puits	πηγάδι	pigaði
route	δρόμος	ðromoss
sentier	μονοπάτι	monopati
source	πηγή	piyi
taillis	μικρό δάσος	mikro ðassoss
vallée	κοιλάδα	kilaða
vignoble	ἀμπέλι	ammbèli
village	χωριό	khorio

A quelle distance sommes-nous de...?	Πόσο μακρυά εἶναι γιά...;	posso makria inè yia
A quelle distance se trouve le prochain village?	Πόσο μακρυά εἶναι τό ἐπόμενο χωριό;	posso makria inè to èpomèno khorio
Est-ce bien la route de...?	Εἴμαστε στό σωστό δρόμο γιά...;	imastè sto sosto ðromo yia
Où conduit cette route?	Ποῦ ὁδηγεῖ αὐτός ὁ δρόμος;	pou odiyi aftoss o ðromoss
Pouvez-vous nous indiquer sur la carte où nous sommes?	Μπορεῖτε νά μᾶς δείξετε ποῦ εἴμαστε στό χάρτη;	borite na mass ðiksètè pou imastè sto kharti
Comment s'appelle cette rivière?	Πῶς λέγεται αὐτός ὁ ποταμός;	poss lèyètè aftoss o potamoss
Quelle est l'altitude de cette montagne?	Πόσο ὕψος ἔχει αὐτό τό βουνό;	posso ipsoss èkhi afto to vouno
Y a-t-il une route pittoresque pour...?	Ὑπάρχει γραφική διαδρομή γιά...;	iparkhi grafiki ðiaðromi yia

...et si vous êtes fatigué de marcher, vous pouvez toujours essayer de faire de l'auto-stop. Mais vous risquez d'attendre longtemps avant qu'on vous prenne.

| Pouvez-vous me prendre jusqu'à...? | Μπορεῖτε νά μέ πᾶτε στό...; | borite na mè patè sto |

Comment se faire des amis

Présentations

Voici quelques phrases pour engager la conversation:

Comment allez-vous?	Τί κάνετε;	ti kanètè
Très bien, merci.	Πολύ καλά, εὐχαριστῶ.	poli kala èfkharisto
Comment ça va?	Τί γίνεστε;	ti yinèstè
Bien, merci. Et vous?	Θαυμάσια, εὐχαριστῶ. Καί ἐσεῖς;	thavmassia èvkharisto. kè èssiss
Permettez-moi de vous présenter Mlle Martin.	Θά ἤθελα νά σᾶς συστήσω τή δεσποινίδα Μαρτέν.	tha ithèla na sass sistisso tinn dèspiniða martèn
J'aimerais vous présenter à un ami.	Θά ἤθελα νά γνωρίσετε ἕνα φίλο μου.	tha ithèla na gnoristè èna filo mou
Jean, je vous présente...	Γιάννη, ἀπό ἐδῶ...	yiani apo èðo
Je m'appelle...	'Ονομάζομαι...	onomazomè
Très heureux de vous rencontrer.	Χαίρομαι πολύ πού σᾶς γνωρίζω.	khèromè poli pou sass gnorizo
Enchanté de faire votre connaissance.	Χάρηκα γιά τή γνωριμία.	kharika yia ti gnorimia

Pour rompre la glace

Depuis combien de temps êtes-vous ici?	Πόσο καιρό εἴστε ἐδῶ;	posso kèro istè èðo
Nous sommes ici depuis une semaine.	Εἴμαστε ἐδῶ μία ἑβδομάδα.	imastè èðo mia èvðomaða
Est-ce la première fois que vous êtes ici?	Ἔρχεστε γιά πρώτη φορά;	èrkhèstè yia proti fora
Non, nous sommes déjà venus l'année dernière.	Ὄχι, εἴχαμε ἔλθει καί πέρυσι.	okhi ikhamè èlthi kè pèrissi

Vous plaisez-vous ici ?	Εἶστε εὐχαριστημένος ἀπό τή διαμονή σας;	istè èfkharistimènoss apo tinn diamoni sass
Oui, ... me plaît beaucoup.	Ναί, μοῦ ἀρέσει ... πάρα πολύ.	nè mou arèssi ... para poli
Etes-vous seul(e) ici ?	Εἶστε μόνος/μόνη σας;	istè monoss/moni sass
Je suis avec...	Εἶμαι μέ...	imè mè
ma femme	τή γυναίκα μου	ti yinèka mou
mon mari	τόν ἄντρα μου	tonn anndra mou
ma famille	τήν οἰκογένειά μου	tinn ikoyènia mou
mes parents	τούς γονεῖς μου	touss goniss mou
des amis	μερικούς φίλους	mèrikouss filouss
D'où venez-vous ?	Ἀπό ποιό μέρος εἶστε;	apo pio mèross istè
De quelle région de... venez-vous ?	Ἀπό ποιά περιοχή τοῦ/τῆς ... εἶστε;	apo pia pèriokhi tou/tiss... istè
Je viens de...	Εἶμαι ἀπό τό/τήν ...	imè apo to/tinn
Habitez-vous ici ?	Μένετε ἐδῶ;	mènètè èdo
Je suis étudiant.	Εἶμαι φοιτητής.	imè fititiss
Qu'étudiez-vous ?	Τί σπουδάζετε;	ti spoudazètè
Nous sommes en vacances.	Εἶμαστε ἐδῶ γιά διακοπές.	imastè èdo yia diakopèss
Je suis en voyage d'affaires.	Εἶμαι ἐδῶ γιά δουλειά.	imè èdo yia doulia
Quelle est votre profession ?	Τί δουλειά κάνετε;	ti doulia kanètè
J'espère vous revoir bientôt.	Ἐλπίζω ὅτι θά σᾶς ξαναδοῦμε σύντομα.	èlpizo oti θa sass ksanadoumè sinndoma
A bientôt/A demain.	Θά σᾶς δῶ ἀργότερα/ Θά σᾶς δῶ αὔριο.	θa sass δo argotèra/θa sass δo avrio
Je suis sûr que nous aurons l'occasion de nous revoir.	Εἶμαι σίγουρος ὅτι θά ξανασυναντηθοῦμε κάποτε.	imè sigouross oti θa ksanassinanndθoumè kapotè

Le temps qu'il fait

En Grèce comme en France, le temps est prétexte à conversation. Ainsi...

Quelle belle journée !	Τί ὑπέροχη ἡμέρα!	ti ipèrokhi imèra
Quel temps affreux !	Τί ἀπαίσιος καιρός.	ti apèssioss kèross
Quel froid aujourd'hui, n'est-ce pas ?	Δέν κάνει κρῦο σήμερα;	ðèn kani krio simèra
Quelle chaleur, n'est-ce pas ?	Δέν κάνει ζέστη σήμερα;	ðèn kani zèsti simèra
Est-ce qu'il fait toujours aussi chaud ?	Συνήθως ὁ καιρός εἶναι τόσο ζεστός ὅπως τώρα;	siniθoss o kèross inè tosso zèstoss oposs tora
Quel brouillard aujourd'hui !	Σήμερα ἔχει πολλή ὁμίχλη.	simèra èkhi poli omikhli
Quelle température fait-il dehors ?	Πόση εἶναι ἡ ἐξωτερική θερμοκρασία;	possi inè i èksotèriki θèrmokrassia
Le vent est très fort.	Ὁ ἀέρας εἶναι πολύ δυνατός.	o aèrass inè poli ðinatoss

Invitations

Ma femme et moi aimerions vous inviter à dîner...	Ἡ γυναίκα μου καί ἐγώ θά θέλαμε νά δειπνήσετε μαζί μας στίς...	i yinèka mou kè ègo θa θèlamè na ðipnissètè mazi mass stiss
Pouvez-vous venir dîner demain soir ?	Μπορεῖτε νά ἔλθετε γιά τό δεῖπνο αὔριο τό βράδυ;	borite na èlθètè yia to ðipno avrio to vraði
Nous organisons une petite soirée demain. J'espère que vous viendrez.	Κάνομε ἕνα μικρό πάρτυ αὔριο τό βράδυ. Ἐλπίζω ὅτι μπορεῖτε νά ἔλθετε.	kanomè èna mikro parti avrio to vraði. èlpizo oti borite na èlθètè
Viendrez-vous prendre un verre ce soir ?	Μπορεῖτε νά ἔλθετε γιά ἕνα ποτό ἀπόψε;	borite na èlθètè yia èna poto apopsè
Il y a une soirée. Viendrez-vous ?	Γίνεται ἕνα πάρτυ. Ἔρχεστε;	yinètè èna parti. èrkhèstè

C'est très aimable à vous.	Πολύ εὐγενικό ἀπό μέρους σας.	poli èvyèniko apo mèrouss sass
Formidable. Je serai ravi de venir.	Περίφημα. Θά ἤθελα πολύ νά ἔλθω.	pèrifima. θa iθèla poli na èlθo
A quelle heure pouvons-nous venir?	Τί ὥρα νά ἔλθουμε;	ti ora na èlθoumè
Puis-je amener un ami/une amie?	Μπορῶ νά φέρω ἕνα φίλο/μία φίλη;	boro na fèro èna filo/ mia fili
Je crois qu'il nous faut partir maintenant.	Νομίζω ὅτι πρέπει νά πηγαίνουμε τώρα.	nomizo oti prèpi na piyènoumè tora
La prochaine fois, ce sera à vous de nous rendre visite.	Τήν ἑπόμενη φορά πρέπει νά μᾶς ἐπισκεφτεῖτε ἐσεῖς.	tinn èpomèni fora prèpi na mass èpiskèftitè èssiss
Merci beaucoup pour cette agréable soirée.	Εὐχαριστῶ πάρα πολύ γιά τήν εὐχάριστη βραδυά.	èfkharisto para poli yia tinn èfkharisti vraδia
Merci pour cette soirée. C'était formidable.	Εὐχαριστῶ γιά τό πάρτυ. Ἦταν περίφημο.	èfkharisto yia to parti. itann pèrifimo

Rendez-vous

Voulez-vous une cigarette?	Θά θέλατε ἕνα τσιγάρο;	θa θèlatè èna tsigaro
Avez-vous du feu, s'il vous plaît?	Ἔχετε φωτιά, παρακαλῶ;	èkhètè fotia parakalo
Puis-je vous offrir quelque chose à boire?	Μπορῶ νά σᾶς φέρω ἕνα ποτό;	boro na sass fèro èna poto
Excusez-moi, pourriez-vous m'aider, s'il vous plaît?	Συγγνώμη, θά μπορούσατε νά μέ βοηθήσετε, παρακαλῶ;	sinngghnomi θa boroussatè na mè voïθissètè parakalo
Je me suis égaré. Pouvez-vous m'indiquer le chemin de...?	Ἔχω χαθεῖ. Μπορεῖτε νά μοῦ δείξετε τό δρόμο γιά τό...;	èkho khaθi. boritè na mou δiksètè to δromo yia to
Vous attendez quelqu'un?	Περιμένετε κάποιον;	pèrimènètè kapionn
Etes-vous libre ce soir?	Εἴστε ἐλεύθερη ἀπόψε;	istè èlèfθèri apopsè

Voulez-vous sortir avec moi ce soir ?	Θά θέλατε νά βγοῦμε ἔξω μαζί ἀπόψε;	θa θèlatè na **vg**oumè èkso mazi apopsè
Voulez-vous aller danser ?	Θά θέλατε νά πᾶμε νά χορέψουμε;	θa θèlatè na pamè na khorèpsoumè
Je connais une bonne discothèque.	Ξέρω μία καλή δισκοθήκη.	ksèro mia kali δiskoθiki
Si nous allions au cinéma ?	Πᾶμε στό κινηματο-γράφο;	pamè sto kinimatografo
Voulez-vous faire une promenade en voiture ?	Θά θέλατε νά πᾶμε βόλτα μέ τό αὐτο-κίνητο;	θa θèlatè na pamè **v**olta mè to aftokinito
Cela me ferait plaisir, merci.	Θά μοῦ ἄρεσε πολύ, εὐχαριστῶ.	θa mou arèssè poli, èfkharisto
Où pouvons-nous nous rencontrer ?	Ποῦ θά συναντηθοῦμε;	pou θa sinanndi**θ**oumè
Je passerai vous prendre à l'hôtel.	Θά σᾶς πάρω ἀπό τό ξενοδοχεῖο σας.	θa sass paro apo to ksènoδokhio sass
Je passerai vous prendre à 8 h.	Θά περάσω νά σᾶς πάρω στίς 8.	θa pèrasso na sass paro stiss 8
Puis-je vous ramener chez vous ?	Μπορῶ νά σᾶς πάω στό σπίτι σας;	boro na sass pao sto **s**piti sass
Puis-je vous revoir demain ?	Μπορῶ νά σᾶς ξαναδῶ αὔριο;	boro na sass ksanaδo avrio
Merci. C'était une soirée merveilleuse.	Εὐχαριστῶ, ἦταν μία ὑπέροχη βραδιά.	èfkharisto itann mia ipèrokhi vraδia
Je me suis beaucoup amusée.	Διασκέδασα πάρα πολύ.	δiaskèδassa para poli
Quel est votre numéro de téléphone ?	Ποιός εἶναι ὁ ἀριθμός τοῦ τηλεφώνου σας;	pioss inè o ariθmoss tou tilèfonou sass
Habitez-vous chez vos parents ?	Μένετε μέ τήν οἰκογένειά σας;	mènetè mè tinn ikoyènia sass
Habitez-vous seule ?	Μένετε μόνη σας;	mènetè moni sass
A quelle heure part votre dernier train ?	Τί ὥρα φεύγει τό τε-λευταῖο τραῖνο σας;	ti ora fèvyi to tèlèftèo trèno sass

Guide des achats

Ce guide vous aidera à trouver aisément et rapidement ce que vous désirez. Il comprend:

1. une liste des principaux magasins, boutiques et services (p. 98);
2. quelques expressions de caractère général qui vous permettront de choisir avec précision et discernement (p. 100);
3. tous les détails sur les magasins et services auxquels vous pourrez avoir affaire. Vous trouverez conseils et listes alphabétiques des articles sous les titres suivants:

		Page
Appareils électriques	radios, magnétophones, rasoirs, disques	104
Bijouterie	bijoux, montres, réparation de montres	106
Blanchisserie/ Teinturerie	services habituels	109
Bureau de tabac	tout pour le fumeur	110
Camping	matériel de camping	112
Coiffeur	coiffeur pour dames, salon de beauté, coiffeur pour messieurs	114
Habillement	vêtements, chaussures, accessoires	116
Librairie	livres, revues, journaux, papeterie	123
Pharmacie	médicaments, premiers soins, produits de beauté, articles de toilette	125
Photographie	appareils de photo, accessoires, films, développement	129
Provisions	principaux articles pour le pique-nique	131
Souvenirs	souvenirs, cadeaux, bibelots	133

GUIDE DES ACHATS

Magasins et services

Les heures d'ouverture varient selon les régions et les saisons.
En été, la plupart des magasins sont ouverts de 8 h à 13 h 45,
et de 17 h à 20 h ; ils ferment le mercredi et le samedi après-midi.
En hiver, les heures d'ouverture habituelles sont les suivantes :
de 8 h à 13 h, et de 16 h à 19 h 30 en semaine, et de 8 h 30 à
14 h le samedi. Les grands magasins et les boutiques de luxe
pratiquent des prix fixes. Ailleurs (par exemple, dans les
magasins de souvenirs), vous pourrez toujours essayer de
marchander.

GUIDE DES ACHATS

Où est le/la/l'... le/la plus proche ?	Ποῦ εἶναι ὁ κοντινότερος/ἡ κοντινότερη/ τό κοντινότερο ...;	pou inè o konndinotèross/ i konndinotèri/to konndinotèro
agence de voyage	τό πρακτορεῖο ταξιδίων	to praktorio taksiδionn
banque	ἡ τράπεζα	i trapèza
bijouterie	τό κοσμηματοπωλεῖο	to kozmimatopolio
blanchisserie	τό πλυντήριο	to plinndirio
boucherie	τό κρεοπωλεῖο	to krèopolio
boulangerie	τό ἀρτοποιεῖο (φοῦρνος)	to artopiio (**fournoss**)
bureau de tabac	τό καπνοπωλεῖο	to kapnopolio
coiffeur (dames)	τό κομμωτήριο	to komotirio
coiffeur (hommes)	τό κουρεῖο	to kourio
confiserie	τό ζαχαροπλαστεῖο	to zakharoplastio
cordonnier	ὁ τσαγκάρης	o tsanngghariss
couturière	ἡ μοδίστρα	i moδistra
dentiste	ὁ ὀδοντογιατρός	o oδonndoyiatross
fleuriste	τό ἀνθοπωλεῖο	to annθopolio
fourreur	τό γουναράδικο	to gounaraδiko
galerie d'art	ἡ γκαλερί τέχνης	i ghalèri tèkhniss
grand magasin	τό μεγάλο ἐμπορικό κατάστημα	to mègalo èmboriko katastima
hôpital	τό νοσοκομεῖο	to nossokomio
horlogerie	τό ὡρολογοποιεῖο	to orologopiio
institut de beauté	τό ἰνστιτοῦτο καλλονῆς	to innstitouto kaloniss
kiosque	τό περίπτερο	to pèriptèro
kiosque à journaux	τό πρατήριο ἐφημερίδων	to pratirio èfimèriδonn
laiterie	τό γαλακτοπωλεῖο	to galaktopolio
librairie	τό βιβλιοπωλεῖο	to vivliopolio

magasin d'antiquités	τό κατάστημα γιά ἀντίκες	to katastima yia anndikèss
magasin d'articles de sport	τό κατάστημα ἀθλητικῶν εἰδῶν	to katastima aθlitikonn iδonn
magasin de chaussures	τό ὑποδηματοποιεῖο	to ipoδimatopiio
magasin de jouets	τό κατάστημα παιχνιδιῶν	to katastima pèkhniδionn
magasin de photo	τό φωτογραφεῖο	to fotografio
magasin de souvenirs	τό κατάστημα σουβενίρ	to katastima souvènir
magasin de spiritueux	ἡ κάβα ποτῶν	i kava potonn
marchand de vin	τό οἰνοπωλεῖο	to inopolio
marché	ἡ ἀγορά	i agora
médecin	ὁ γιατρός	o yiatross
modiste	τό καπελλάδικο	to kapèlaδiko
opticien	ὁ ὀπτικός	o optikoss
papeterie	τό χαρτοπωλεῖο	to khartopolio
parfumerie	τό κατάστημα καλλυντικῶν	to katastima kalinndikonn
pâtisserie	τό ζαχαροπλαστεῖο	to zakharoplastio
pharmacie	τό φαρμακεῖο	to farmakio
photographe	ὁ φωτογράφος	o fotografoss
poissonnerie	τό ἰχθυοπωλεῖο	to ikhθiopolio
poste	τό ταχυδρομεῖο	to takhiδromio
poste de police	τό ἀστυνομικό τμῆμα	to astinomiko tmima
prêts sur gage	ὁ ἐνεχυροδανειστής	o ènèkhiroδanistiss
primeurs	τό μανάβικο	to manaviko
salon-lavoir	τό αὐτόματο πλυντήριο	to aftomato plinndirio
supermarché	τό μεγάλο κατάστημα τροφίμων	to mègalo katastima trofimonn
tailleur	τό ραφεῖο	to rafio
teinturerie	τό καθαριστήριο	to kaθaristirio
traiteur	τό μπακάλικο	to bakaliko
vétérinaire	ὁ κτηνίατρος	o ktiniatross

ΕΚΠΤΩΣΕΙΣ   SOLDES

Expressions courantes

Voici quelques expressions qui vous seront utiles lors de vos achats.

Où?

Où y a-t-il un bon...?	Ποῦ εἶναι ἕνα καλό...;	pou inè èna kalo
Où puis-je trouver un...?	Ποῦ μπορῶ νά βρῶ ἕνα...;	pou boro na vro èna
Où vend-t-on...?	Ποῦ πουλοῦν ...;	pou pouloun
Pouvez-vous me recommander un ... bon marché?	Μπορεῖτε νά μοῦ συστήσετε ἕνα φτηνό ...;	boritè na mou sistissètè èna ftino
Où est le centre commercial?	Ποῦ εἶναι τά κεντρικά καταστήματα;	pou inè ta kèndrika katastimata
A quelle distance est-ce d'ici?	Πόσο ἀπέχουν ἀπό ἐδῶ;	posso apèkhoun apo èðo
Comment puis-je m'y rendre?	Πῶς μπορῶ νά πάω ἐκεῖ;	poss boro na pao èki

Services

Pouvez-vous m'aider?	Μπορεῖτε νά μέ βοηθήσετε;	boritè na mè voïthissètè
Je ne fais que regarder.	Ρίχνω μία ματιά.	rikhno mia matia
Je désire...	Θέλω...	thèlo
Pouvez-vous me montrer des ...?	Μπορεῖτε νά μοῦ δείξετε μερικά...;	boritè na mou ðiksètè mèrika
Avez-vous ...?	Ἔχετε...;	èkhètè

Celui-là/Celle-là

Pouvez-vous me montrer ...?	Μπορεῖτε νά μοῦ δείξετε...;	boritè na mou ðiksètè
celui-là/ceux-là	αὐτό/αὐτά	afto/afta
celui qui est dans la vitrine	ἐκεῖνο στή βιτρίνα	èkino sti vitrina
C'est là-bas.	Εἶναι πρός τά ἐκεῖ.	inè pross ta èki

Description de l'article

J'aimerais un/une...	Θέλω ἕνα/μία...	thèlo èna/mia
ample	φαρδύ/-διά	farði/-ðia
bon	καλό/-λή	kalo/-li
bon marché	φθηνό/-νή	fθino/-ni
carré	τετράγωνο/-νη	tètragono/-ni
clair	ἀνοιχτόχρωμο/-μη	anikhtokhromo/-mi
foncé	σκοῦρο/-ρα	skouro/-ra
grand	μεγάλο/-λη	mègalo/-li
léger	ἐλαφρό/-φριά	èlafro/-fria
lourd	βαρύ/-ριά	vari/-ria
ovale	ὀβάλ	oval
petit	μικρό/-κρή	mikro/-kri
rectangulaire	μακρόστενο/-νη	makrostèno/-ni
rond	στρογγυλό/-λή	stronngghilo/-li
Je ne veux pas quelque chose de trop cher.	Δέν θέλω κάτι πολύ ἀκριβό.	ðèn thèlo kati poli akrivo

Préférence

N'avez-vous rien de...?	Δέν ἔχετε κάτι...;	ðèn èkhètè kati
meilleur marché	φτηνότερο	ftinotèro
mieux	καλύτερο	kalitèro
plus grand	μεγαλύτερο	mègalitèro
plus petit	μικρότερο	mikrotèro

Combien?

Combien coûte ceci?	Πόσο κάνει αὐτό;	posso kani afto
Je ne comprends pas. Pouvez-vous me l'écrire?	Δέν καταλαβαίνω. Παρακαλῶ, γράψτε το.	ðèn katalavèno. parakalo grapstè to
Je ne veux pas dépenser plus de...	Δέν θέλω νά ξοδέψω περισσότερο ἀπό...	ðèn thèlo na ksoðèpso pèrissotèro apo

Décision

Ce n'est pas tout à fait ce que je veux.	Δέν εἶναι ἀκριβῶς αὐτό πού θέλω.	ðèn inè akrivoss afto pou thèlo
Non, ça ne me plaît pas.	Ὄχι, δέν μοῦ ἀρέσει.	okhi ðèn mou arèssi
Je le prends.	Θά τό πάρω.	θa to paro

COULEURS, voir page 117

GUIDE DES ACHATS

Commande

Pouvez-vous me le commander?	Μπορεῖτε νά μοῦ τό παραγγείλετε;	boritè na mou to paranngghilètè
Combien de temps cela prendra-t-il?	Πόσο καιρό χρειάζεται;	posso kèro khriazètè
Je l'aimerais dès que possible.	Θά τό ἤθελα ὅσο τό δυνατό συντομότερα.	θa to iθèla osso to δinato sinndomotèra

Livraison

Je l'emporte.	Θά τό πάρω μαζί μου.	θa to paro mazi mou
Faites-le livrer à l'hôtel.	Στεῖλτε το στό ξενοδοχεῖο...	stiltè to sto ksènoδokhio
Voulez-vous l'envoyer à cette adresse, s.v.p.?	Παρακαλῶ, στεῖλτε το σ'αὐτή τή διεύθυνση.	parakalo stiltè to safti ti δièfθinnsi
Est-ce que j'aurai des problèmes à la douane?	Θά ἔχω καμμιά δυσκολία στό τελωνεῖο;	θa èkho kamia δiskolia sto tèlonio

Paiement

Combien est-ce?	Πόσο κάνει;	posso kani
Puis-je payer avec un chèque de voyage?	Μπορῶ νά πληρώσω μέ τράβελερς τσέκ;	boro na plirosso mè travèlèrs tsèk
Acceptez-vous les cartes de crédit?	Δέχεστε πιστωτικές κάρτες;	δèkhèstè pistotikèss kartèss
N'avez-vous pas fait une erreur d'addition?	Δέν κάνατε λάθος στό λογαριασμό;	δèn kanatè laθoss sto logariazmo
Puis-je avoir une quittance, s.v.p.?	Μπορῶ νά ἔχω μία ἀπόδειξη, παρακαλῶ;	boro na èkho mia apoδiksi parakalo
Pourriez-vous me l'emballer?	Τό τυλίγετε, παρακαλῶ;	to tiliyètè parakalo
Auriez-vous un sac en papier?	Ἔχετε μία τσάντα;	èkhètè mia tsannda

Autre chose?

Non, merci, ce sera tout.	Ὄχι, εὐχαριστῶ, τίποτε ἄλλο.	okhi èfkharisto tipotè alo
Oui, montrez-moi…	Ναί, δεῖξτε μου…	nè ðikstè mou
Merci, Au revoir.	Εὐχαριστῶ. Χαίρετε.	èfkharisto. khèrètè

Réclamations

Pouvez-vous me changer ceci, s.v.p.?	Μπορεῖτε νά τό ἀλλάξετε παρακαλῶ;	boritè na to alaksètè parakalo
Je désire rendre ceci.	Θέλω νά ἐπιστρέψω αὐτό.	θèlo na èpistrèpso afto
J'aimerais être remboursé. Voici la quittance.	Θά ἤθελα νά μοῦ ἐπιστρέψετε τά χρήματα. Νά ἡ ἀπόδειξη.	θa iθèla na mou èpistrèpsètè ta khrimata. na i apoðiksi

---

Μπορῶ νά σᾶς βοηθήσω;	Qu'y a-t-il pour votre service?
Τί θά θέλατε;	Vous désirez?
Τί … θά θέλατε;	Quelle … désirez-vous?
χρῶμα/σχῆμα ποιότητα/ποσότητα	couleur/forme qualité/quantité
Λυποῦμαι, δέν ἔχουμε ἄλλο.	Je suis désolé, nous n'en avons pas d'autre.
Μᾶς ἔχει ἐξαντληθῆ.	Notre stock est épuisé.
Νά σᾶς τό παραγγείλουμε;	Faut-il vous le commander?
Θά τό πάρετε ἤ νά σᾶς τό στείλουμε;	L'emportez-vous ou faut-il vous l'envoyer?
Κάνει …, παρακαλῶ.	Cela fait …, s.v.p.
Τό ταμεῖο εἶναι πρός τά ἐκεῖ.	La caisse est là-bas.
Δέν παίρνουμε…	Nous n'acceptons pas…
κάρτες πιστωτικές τράβελερς τσέκ προσωπικά τσέκ	les cartes de crédit les chèques de voyage les chèques bancaires

Appareils électriques et accessoires – Disques

A Athènes et presque partout en Grèce continentale, le courant est alternatif à 220 volts. Dans quelques endroits, surtout sur les îles, il est encore continu à 110 volts. Les prises sont du modèle européen normal. Une prise d'adaptation peut s'avérer utile.

Quel est le voltage?	Πόσα βόλτ εἶναι τό ρεῦμα;	possa volt inè to rèvma
Le courant est-il alternatif ou continu?	Εἶναι ἐναλλασσόμενο ἤ συνεχές;	inè ènalassomèno i sinèkhèss
J'aimerais une prise pour ceci?	Θέλω μία πρίζα γι'αὐτό;	thèlo mia priza yiafto
Avez-vous une pile pour ceci?	Ἔχετε μία μπαταρία γι'αὐτό;	èkhètè mia bataria yiafto
C'est cassé. Pouvez-vous le réparer?	Ἔχει σπάσει. Μπορεῖτε νά τή διορθώσετε;	èkhi spassi. boritè na ti diorthossètè
Quand est-ce que ce sera terminé?	Πότε θά εἶναι ἔτοιμη;	potè θa inè ètimi
J'aimerais...	Θά ἤθελα...	θa iθèla
bouilloire	μία τσαγιέρα	mia tsayièra
cafetière automatique	μία ἠλεκτρική καφετιέρα	mia ilèktriki kafètièra
fer à repasser	ἔνα σίδερο	èna sidèro
fer à repasser pour le voyage	σίδερο ταξιδιοῦ	sidèro taksidiou
magnétophone	ἔνα μαγνητόφωνο	èna magnitofono
magnétophone à cassettes	κασεττόφωνο	kassètofono
magnétophone portatif	μαγνητόφωνο φορητό	magnitofono forito
mixer	ἔνα μίξερ	èna miksèr
pendule	ἔνα ρολόϊ	èna roloï
pile	μία μπαταρία	mia bataria
prise	μία πρίζα	mia priza
prise multiple	μία τριπολική πρίζα	mia tripoliki priza
radio	ἔνα ραδιόφωνο	èna radiofono
radio portative	ραδιόφωνο φορητό	radiofono forito
rasoir	μία ξυριστική μηχανή	mia ksiristiki mikhani
sèche-cheveux	ἔνα στεγνωτήρα μαλλιῶν	èna stègnotira malionn

télévision	μία τηλεόραση	mia tilèorassi
télévision portative	τηλεόραση φορητή	tilèorassi foriti
tourne-disques	ἕνα πικ-άπ	èna pikap
tourne-disques portatif	πικ-άπ φορητό	pikap forito
transformateur	ἕνα μετασχηματιστή	èna mètaskhimatisti

Chez le disquaire

Avez-vous des disques de...?	Ἔχετε δίσκους τοῦ...;	èkhètè ðiskouss tou
Puis-je écouter ce disque?	Μπορῶ νά ἀκούσω αὐτό τό δίσκο;	boro na akousso afto to ðisko
J'aimerais une cassette.	Θά ἤθελα μία κασέττα.	θa iθèla mia kassèta
J'aimerais un nouveau saphir.	Θέλω μία καινούργια βελόνα.	θèlo mia kènouryia vèlona

33 tours	δίσκος τριάντα τριῶν στροφῶν	ðiskoss triannda trionn strofonn
45 tours	δίσκος σαράντα πέντε στροφῶν	ðiskoss sarannda pèndè strofonn
mono/stéréo	μονό/στερεοφωνικό	mono/stèrèofoniko

musique classique	κλασσική μουσική	klassiki moussiki
musique folklorique	λαϊκή μουσική	laïki moussiki
musique instrumentale	ἐνορχήστρωση	ènorkhistrossi
jazz	τζάζ	dzaz
musique légère	ἐλαφρά μουσική	èlafra moussiki
musique pop	μουσική πόπ	moussiki pop
musique symphonique	μουσική ὀρχήστρας	moussiki orkhistrass

Bijouterie – Horlogerie

La bijouterie grecque est réputée à l'étranger, particulièrement pour ses imitations en or ou en plaqué de bijoux grecs anciens. L'or n'est pas très cher, et il est courant que des étrangers en achètent. A Rhodes et à Jannina on fabrique des broches, des bagues et des boucles d'oreille en argent dans le style traditionnel.

Questions

Pouvez-vous réparer cette montre?	Μπορεῖτε νά ἐπιδιορθώσετε αὐτό τό ρολόϊ;	boritè na èpiðiorθossètè afto to roloï
Le ... est cassé.	Τό ... εἶναι σπασμένο.	to... inè spazmèno
bracelet	λουρί	louri
ressort	ἐλατήριο	èlatirio
verre	γυαλί	yiali
J'aimerais faire nettoyer cette montre.	Θέλω νά μοῦ καθαρίσετε αὐτό τό ρολόϊ.	θèlo na mou kaθarissètè afto to roloï
Quand est-ce que ce sera terminé?	Πότε θά εἶναι ἕτοιμο;	potè θa inè ètimo
Pouvez-vous me montrer cela?	Μπορῶ νά δῶ ἐκεῖνο παρακαλῶ;	boro na ðo èkino parakalo
Je ne fais que regarder.	Ρίχνω μία ματιά μόνο.	rikhno mia matia mono
J'aimerais un petit cadeau pour...	Θέλω ἕνα μικρό δῶρο γιά...	θèlo èna mikro ðoro yia
Je ne veux pas quelque chose de trop cher.	Δέν θέλω κάτι πολύ ἀκριβό.	ðèn θèlo kati poli akrivo
J'aimerais quelque chose de ...	Θέλω κάτι...	θèlo kati
mieux	καλύτερο	kalitèro
meilleur marché	φτηνότερο	ftinotèro
plus simple	πιό ἁπλό	pio aplo
Est-ce vraiment de l'argent?	Αὐτό εἶναι ἀληθινό ἀσήμι;	afto inè aliθino assimi
Avez-vous quelque chose en or?	Ἔχετε κάτι χρυσό;	èkhètè kati khrisso

Avant de vous rendre chez le bijoutier, vous savez sans doute plus ou moins ce que vous désirez. Vous trouverez les noms grecs des matières et des articles dans les listes suivantes.

En quelle matière est-ce?

acier inoxydable	ἀνοξείδωτο ἀτσάλι	anoksiδoto atsali
ambre	κεχριμπάρι	kèkhrimmbari
améthyste	ἀμέθυστος	amèθistoss
argent	ἀσήμι	assimi
argenté	ἐπάργυρο	èparyiro
chromé	χρώμιο	khromio
corail	κοράλι	korali
cristal	κρύσταλλο	kristalo
cristal taillé	κρύσταλλο ταγιέ	kristalo tayè
cuivre	χαλκός	khalkoss
diamant	διαμάντι	δiamanndi
ébène	ἔβενος	èvènoss
émail	σμάλτο	smalto
émeraude	σμαράγδι	smaragδi
étain	κασσίτερος	kassitèross
ivoire	ἐλεφαντόδοντο	èlèfanndoδonndo
jade	ζάντ	zad
onyx	ὄνυχας	onikhass
or	χρυσός	khrissoss
plaqué or	ἐπιχρυσωμένο	èpikhrissomèno
perle	μαργαριτάρι	margaritari
platine	πλατίνα	platina
rubis	ρουμπίνι	roubini
saphir	ζαφείρι	zafiri
topaze	τοπάζι	topazi
turquoise	τουρκουάζ	tourkouaz
verre	γυαλί	yiali

Qu'est-ce que c'est?

J'aimerais ...	Θά ἤθελα...	θa iθèla
argenterie	μερικά ἀσημικά	mèrika assimika
bague	ἕνα δακτυλίδι	èna δaktiliδi
bague de fiançailles	ἕνα δακτυλίδι ἀρραβώνα	èna δaktiliδi aravona
chevalière	ἕνα δακτυλίδι μέ οἰκόσημο	èna δaktiliδi mè ikossimo
alliance	μία βέρα	mia vèra

boucles d'oreilles	ἕνα ζευγάρι σκουλα-ρίκια	èna zèvgari skoularikia
bouton de col	ἕνα κουμπί γιά τό κολάρο	èna koumbi yia to kolaro
boutons de manchettes	ἕνα ζευγάρι μανικετό-κουμπα	èna zèvgari manikètokoumba
bracelet	ἕνα λουράκι	èna louraki
bracelet-chaîne	ἕνα λουράκι μεταλ-λικό	èna louraki mètaliko
bracelet de cuir	ἕνα λουράκι δερμά-τινο	èna louraki ðèrmatino
bracelet de montre	ἕνα λουράκι γιά ρολόϊ	èna louraki yia roloï
breloque	ἕνα μπρελόκ	èna brèlok
briquet	ἕνα ἀναπτήρα	èna anaptira
broche	μία καρφίτσα	mia karfitsa
chaîne	μία ἀλυσίδα	mia alissiða
chapelet	ἕνα κομπολόϊ γιά προσευχές	èna kommboloï yia prossèfkhèss
clip	ἕνα κλίπς	èna klipss
coffret à bijoux	μία μπιζουτιέρα	mia bizoutièra
collier	ἕνα κολλιέ	èna koliè
collier de perles	ἕνα κολλιέ μέ χάντρες	èna koliè mè khanndrèss
couverts	μαχαιροπήρουνα	makhèropirouna
croix	ἕνα σταυρό	èna stavro
épingle	μία καρφίτσα	mia karfitsa
épingle à cravate	μία καρφίτσα γιά γραβάτα	mia karfitsa yia gravata
étui à cigarettes	μία τσιγαροθήκη	mia tsigaroθiki
horloge	ἕνα ρολόϊ	èna roloï
montre	ἕνα ρολόϊ	èna roloï
montre-gousset	ἕνα ρολόϊ τῆς τσέπης	èna roloï tiss tsèpiss
montre-bracelet	ἕνα ρολόϊ τοῦ χεριοῦ	èna roloï tou khèriou
nécessaire de beauté	ἕνα νεσεσέρ γιά καλ-λυντικά	èna nèssèssèr yia kalinndika
pendantif	ἕνα παντατίφ	èna panndatif
poudrier	μία πουδριέρα	mia pouðrièra
réveil	ἕνα ξυπνητήρι	èna ksipnitiri
tabatière	μία ταμπακιέρα	mia tabakièra

Blanchisserie – Teinturerie

S'il n'y a pas de blanchisserie ou de teinturerie à l'hôtel, demandez au portier:

Où est la blanchisserie la plus proche?	Ποῦ εἶναι τό κοντινότερο καθαριστήριο;	pou inè to konndinotèro kaθaristirio
J'aimerais faire... ces vêtements.	Θέλω νά μοῦ... αὐτά τά ροῦχα.	θèlo na mou... afta ta roukha
laver	πλύνετε	plinètè
nettoyer	καθαρίσετε	kaθarissètè
repasser	σιδερώσετε	siðèrossètè
Quand est-ce que ce sera prêt?	Πότε θά εἶναι ἕτοιμα;	potè θa inè ètima
Il me le faut pour ...	Τά χρειάζομαι...	ta khriazomè
aujourd'hui	σήμερα	simèra
ce soir	ἀπόψε	apopsè
demain	αὔριο	avrio
avant vendredi	πρίν ἀπό τή Παρασκευή	prinn apo ti paraskèvi
Pouvez-vous ... ceci?	Μπορεῖτε νά ... αὐτό;	boritè na... afto
coudre	ράψετε	rapsètè
raccommoder	μαντάρετε	manndarètè
rapiécer	μπαλλώσετε	balossètè
Pouvez-vous me coudre ce bouton?	Μπορεῖτε νά ράψετε αὐτό τό κουμπί;	boritè na rapsètè afto to koummbi
Pouvez-vous enlever cette tache?	Μπορεῖτε νά καθαρίσετε αὐτό τό λεκέ;	boritè na kaθarissètè afto to lèkè
Pouvez-vous le stopper?	Μπορεῖ νά μανταριστεῖ αὐτό χωρίς νά φαίνεται;	bori na manndaristi afto khoriss na fènètè
Ce n'est pas à moi.	Αὐτό δέν εἶναι δικό μου.	afto ðèn inè ðiko mou
Où est mon linge? Vous me l'aviez promis pour aujourd'hui.	Ποῦ εἶναι τά ροῦχα μου; Μοῦ τά ὑποσχεθήκατε γιά σήμερα.	pou inè ta roukha mou? mou ta iposkhèθikatè yia simèra

Bureau de tabac

Les bureaux de tabac portent l'inscription ΚΑΠΝΟΠΩΛΕΙΟ
(kapnopolio). Le tabac grec, de renommée mondiale, est le
plus souvent originaire de Macédoine. Le choix va des ciga-
rettes très fortes, sans filtres, aux variétés plus douces, avec
filtres. Les marques étrangères, lourdement taxées, coûtent
le double, voire le triple des marques locales. On trouve
aussi des petits cigares hollandais et cubains.

Donnez-moi ..., s'il vous plaît.	Δῶστε μου ... παρακαλῶ.	ðostè mou... parakalo
allumettes	σπίρτα	spirta
blague à tabac	μία καπνοσακούλα	mia kapnossakoula
boîte de ...	ἕνα κουτί...	èna kouti
briquet	ἕνα ἀναπτήρα	èna anaptira
essence/gaz pour le briquet	βενζίνη/ἀέριο γιά ἀναπτήρα	vènzini/aèrio yia anaptira
cigare	ἕνα ποῦρο	èna pouro
quelques cigares	μερικά ποῦρα	mèrika poura
étui à cigarettes	μία τσιγαροθήκη	mia tsigaroθiki
mèche	ἕνα φυτίλι	èna fitili
paquet de ...	ἕνα πακέττο...	èna pakèto
paquet de cigarettes	ἕνα κουτί τσιγάρα	èna kouti tsigara
pierres à briquet	πέτρες	pètrèss
pipe	μία πίπα	mia pipa
tabac pour la pipe	καπνό γιά πίπα	kapno yia pipa
nettoie-pipe	καθαριστές πίπας	kaθaristèss pipass
Avez-vous des ...?	Ἔχετε...;	èkhètè
cigarettes améri-caines	Ἀμερικάνικα τσιγάρα	amèrikanika tsigara
cigarettes françai-ses	Γαλλικά τσιγάρα	galika tsigara
cigarettes mentholées	τσιγάρα μέντόλ	tsigara mènndol
J'en prendrai deux paquets.	Θά πάρω δύο πακέττα.	θa paro ðio pakèta
J'en aimerais une cartouche.	Θά ἤθελα μία κούτα.	θa iθèla mia kouta

avec filtre	μέ φίλτρο	mè filtro
sans filtre	χωρίς φίλτρο	khoriss filtro

Puisque nous parlons cigarettes, supposons que vous désiriez en offrir une :

Voulez-vous une cigarette ?	Θέλετε ἕνα τσιγάρο;	θèlètè èna tsigaro
Prenez une des miennes.	Πάρτε ἕνα ἀπό τά δικά μου.	partè èna apo ta δika mou
Essayez une de celles-ci. Elles sont très douces.	Δοκιμάστε ἕνα ἀπό αὐτά. Εἶναι πολύ ἐλαφρά.	δokimastè èna apo afta. inè poli èlafra
Elles sont un peu fortes.	Εἶναι λίγο δυνατά.	inè ligo δinata

Et si l'on vous en offre une ?

Merci.	Εὐχαριστῶ.	èfkharisto
Non merci.	Ὄχι, εὐχαριστῶ.	okhi èfkharisto
Je ne fume pas.	Δέν καπνίζω.	δèn kapnizo
Je ne fume plus.	Τό ἔχω κόψει.	to èkho kopsi

Camping

Voici quelques articles dont vous pourriez avoir besoin.

J'aimerais ...	Θά ἤθελα...	θa iθèla
alcool méthylique	πράσινο οἰνόπνευμα	prassino inopnèvma
allumettes	μερικά σπίρτα	mèrika spirta
boîte à pique-nique	ἕνα καλάθι γιά πικ-νίκ	èna kalaθi yia piknik
bougies	μερικά κεριά	mèrika kèria
bouilloire	μία τσαγιέρα	mia tsayièra
boussole	μία πυξίδα	mia piksiδa
calorifère	μία σόμπα	mia sommba
casserole	μία κατσαρόλα	mia katsarola
chaise (pliable)	μία (πτυσσόμενη) καρέκλα	mia (ptissomèni) karèkla
ciseaux	ἕνα ψαλίδι	èna psaliδi
corde	ἕνα σκοινί	èna skini
couteau d'éclaireur	ἕνα μαχαίρι σέ θήκη	èna makhèri sè θiki
couteau de poche	ἕνα σουγιά	èna souyia
couverts	μαχαιροπήρουνα	makhèropirouna
gaz butane	μία φιάλη ὑγραερίου	mia fiali igraèriou
hache	ἕνα τσεκούρι	èna tsèkouri
hamac	μία κούνια	mia kounia
lampe	μία λάμπα	mia lammba
lampe de poche	ἕνα φακό τσέπης	èna fako tsèpiss
lanterne	ἕνα φανάρι	èna fanari
lit de camp	ἕνα κρεββάτι ἐκστρατείας	èna krèvati èkstratiass
marmite à pression	μία χύτρα ταχύτητας	mia khitra takhititass
marteau	ἕνα σφυρί	èna sfiri
mât de tente	ἕνα κοντάρι	èna konndari
matelas pneumatique	ἕνα στρῶμα γιά τή θάλασσα	èna stroma yia ti θalassa
matériel de camping	ἐφόδια γιά κάμπινγκ	èfoδia yia kammbinnggh
moustiquaire	μία κουνουπιέρα	mia kounoupièra
ouvre-boîtes	ἕνα ἀνοιχτήρι κονσέρβας	èna anikhtiri konnsèrvass
ouvre-bouteilles	ἕνα ἀνοιχτήρι γιά μπουκάλια	èna anikhtiri yia boukalia
pétrole	φωτιστικό πετρέλαιο	fotistiko pètrèlèo
piquet de tente	ἕνα πάσσαλο	èna passalo
poêle à frire	ἕνα τηγάνι	èna tigani
réchaud à gaz	μία γκαζιέρα	mia ghazièra
sac à glace	μία σακούλα γιά πάγο	mia sakoula yia pago

sac de couchage	ἕνα σακίδιο ὕπνου	èna sakiðio ipnou
sac de montagne	ἕνα ὁδοιπορικό σάκο	èna oðiporiko sako
seau	ἕνα κουβᾶ	èna kouva
seau à eau	ἕνα δοχεῖο γιά νερό	èna ðokhio yia nèro
table (pliable)	ἕνα (πτυσσόμενο) τραπέζι	èna (ptissomèno) trapèzi
tapis de sol	ἕνα χαλί τέντας	èna khali tèndass
tenailles	μία τσιμπίδα	mia tsimmbiða
tente	μία σκηνή	mia skini
thermos	ἕνα θερμός	èna thèrmoss
tire-bouchon	ἕνα τιρ-μπουσόν	èna tirboussonn
torche électrique	ἕνα ἠλεκτρικό φακό	èna ilèktriko fako
tournevis	ἕνα κατσαβίδι	èna katsaviði
trousse de premiers secours	ἕνα φαρμακεῖο γιά πρῶτες βοήθειες	èna farmakio yia protèss voïthièss
vaisselle	μερικά πιατικά	mèrika piatika

Vaisselle

assiettes	πιάτα	piata
sous-tasses	πιατάκια	piatakia
tasses	φλυτζάνια	flidzania
gobelets	κύπελλα	kipèla

Couverts

cuillers	κουτάλια	koutalia
cuillers à café	κουταλάκια	koutalakia
couteaux	μαχαίρια	makhèria
fourchettes	πηρούνια	pirounia
(en) plastique	ἀπό πλαστικό	apo plastiko
(en) acier inoxydable	ἀπό ἀνοξείδωτο ἀτσάλι	apo anoksiðoto atsali

Coiffeur pour dames – Salon de beauté

Y a-t-il un coiffeur/ un institut de beauté à l'hôtel?	Ὑπάρχει κομμω- τήριο/ἰνστιτοῦτο καλ- λονῆς στό ξενοδοχεῖο;	iparkhi komotirio/ innstitouto kaloniss sto ksènoðokhio
Puis-je prendre rendez-vous pour mardi?	Μπορῶ νά κλείσω ραντεβοῦ γιά τή Τρίτη;	boro na klisso ranndèvou yia ti triti
J'aimerais une coupe et mise en plis.	Θέλω κόψιμο καί μίζ-αν-πλί.	θèlo kopsimo kè mizannpli
avec une frange	μέ φράντζα	mè franndza
coupe page	πάζ	paz
coupe au rasoir	κόψιμο μέ ξυράφι	kopsimo mè ksirafi
nouvelle coiffure	ἕνα καινούργιο στύλ	èna kènouryio stil
avec des anglaises	μέ μπούκλες	mè bouklèss
ondulé	μέ βάγκ	mè vagh
chignon	σέ κότσο	sè kotso
Je désire...	Θέλω...	θèlo
décoloration	μία ντεκολορασιόν	mia dèkolorassionn
permanente	μία περμανάντ	mia pèrmanannd
retouche	ἕνα ρενσάζ	èna rènsaz
shampoing colorant	ἕνα χρωμοσαμπουάν	èna khromossammbouann
shampoing-mise en plis	σαμπουάν καί μίζ-αν- πλί	sammbouann kè mizannpli
teinture	μία βαφή	mia vafi
même couleur	τό ἴδιο χρῶμα	to idio khroma
ton plus foncé	ἕνα χρῶμα πιό σκοῦρο	èna khroma pio skouro
ton plus clair	ἕνα χρῶμα πιό ἀνοικτό	èna khroma pio anikto
châtain roux/ blond/brun	καστανοκόκκινο/ ξανθό/καστανό	kastanokokino/ ksannθo/kastano
Avez-vous une échelle des couleurs?	Ἔχετε ἕνα δειγματο- λόγιο;	èkhètè èna digmatoloyio
J'aimerais...	Θέλω...	θèlo
manucure	μανικιούρ	manikiour
pédicure	πεντικιούρ	pèdikiour
masque	μία μάσκα γιά τό πρόσωπο	mia maska yia to prossopo

POURBOIRE, voir page 1

GUIDE DES ACHATS

Coiffeur pour messieurs

Je ne parle pas bien grec.	Δέν μιλῶ καλά Ἑλληνικά.	ðèn milo kala èlinika
Je suis très pressé.	Εἶμαι πολύ βιαστικός.	imè poli viastikoss
Une coupe, s'il vous plaît.	Θέλω νά μέ κουρέψετε, παρακαλῶ.	thèlo na mè kourèpsètè parakalo
Pourriez-vous me raser?	Ξύρισμα, παρακαλῶ.	ksirizma parakalo
Coupez court.	Νά τά κόψετε κοντά.	na ta kopsètè konnda
Pas trop court.	Μή τά κόψετε πολύ κοντά.	mi ta kopsètè poli konnda
Une coupe au rasoir, s'il vous plaît.	Κόψιμο μέ ξυράφι, παρακαλῶ.	kopsimo mè ksirafi parakalo
N'utilisez pas la tondeuse.	Μή χρησιμοποιήσετε τήν μηχανή τοῦ κουρεύματος.	mi khrissimopiissètè tinn mikhani tou kourèvmatoss
C'est assez court.	Εἶναι ἀρκετά κοντά.	inè arkèta konnda
Coupez encore un peu...	Νά τά κόψετε λίγο ἀκόμη...	na ta kopsètè ligo akomi
derrière	πίσω	pisso
sur la nuque	στό σβέρκο	sto svèrko
sur les côtés	στά πλάγια	sta playia
dessus	ἐπάνω	èpano
Je ne veux pas de pommade.	Δέν θέλω κρέμα.	ðèn thèlo krèma
Pas de brillantine, s'il vous plaît.	Μή χρησιμοποιήσετε λάδι παρακαλῶ.	mi khrissimopiissètè laði parakalo
Voulez-vous, je vous prie, me rafraîchir...	Παρακαλῶ, μοῦ κόβετε λίγο...	parakalo mou kovètè ligo
la barbe	τά γένεια	ta yènia
la moustache	τό μουστάκι	to moustaki
les favoris	τίς φαβορίτες	tiss favoritèss
Combien vous dois-je?	Πόσο σᾶς ὀφείλω;	posso sass ofilo
Voilà pour vous.	Αὐτό εἶναι γιά σᾶς.	afto inè yia sass

Habillement

Si vous désirez acheter un article précis, repérez-le à l'avance dans la liste des vêtements, page 121. Réfléchissez à la couleur, au tissu et à la taille que vous désirez. Pour cela, reportez-vous aux pages qui suivent.

Généralités

J'aimerais...	Θά ἤθελα...	tha ithèla
Je désire ... pour un garçon de 10 ans.	Θέλω ... γιά ἕνα ἀγόρι 10 ἐτῶν.	thèlo... yia èna agori 10 ètonn
J'aimerais quelque chose comme ceci.	Θέλω κάτι σάν κι'αὐτό.	thèlo kati sann kiafto
Ce modèle dans la vitrine me plaît.	Μοῦ ἀρέσει αὐτό στή βιτρίνα.	mou arèssi afto sti vitrina
Combien coûte le mètre?	Πόσο κάνει αὐτό τό μέτρο;	posso kani afto to mètro

ριγέ
(riyè)

πουά
(poua)

καρρώ
(karo)

ἐμπριμέ
(èmbrimè)

Couleur

Je désire quelque chose en ...	Θέλω κάτι σέ...	thèlo kati sè
Je veux un ton plus foncé/plus clair.	Θέλω μία πιό σκούρα/ πιό ἀνοιχτή ἀπόχρωση.	thèlo mia pio skoura/ pio anikhti apokhrossi
J'aimerais quelque chose qui aille avec ceci.	Θέλω κάτι νά ταιριάζει μέ αὐτό.	thèlo kati na tèriazi mè afto
La couleur ne me plaît pas.	Δέν μοῦ ἀρέσει τό χρῶμα.	ðèn mou arèssi to khroma

argent	ἀσημένιο	assimènio
beige	μπέζ	bèz
blanc	ἄσπρο	aspro
bleu	μπλέ	blè
brun	καφέ	kafè
brun clair	καφέ ἀνοικτό	kafè anikto
crème	κρέμ	krèm
écarlate	κόκκινο τῆς φωτιᾶς	kokino tiss fotiass
émeraude	πράσινο ζωηρό	prassino zoïro
fauve	μπέζ σκοῦρο	bèz skouro
gris	γκρίζο	ghrizo
jaune	κίτρινο	kitrino
mauve	μώβ	mov
noir	μαῦρο	mavro
or	χρυσό	khrisso
orange	πορτοκαλί	portokali
pourpre	πορφυρό	porfiro
rose	ρόζ	roz
rouge	κόκκινο	kokino
rouge vif	κόκκινο σκοῦρο	kokino skouro
vert	πράσινο	prassino

Tissus

Avez-vous quelque chose en …	Ἔχετε κάτι σέ...;	èkhètè kati sè
J'aimerais une blouse en coton.	Θέλω μία μπλούζα βαμβακερή.	thèlo mia blouza vammvakèri
Est-ce fabriqué ici ?	Εἶναι ἑλληνικῆς κατασκευῆς;	inè èlinikiss kataskèviss
fait à la main	χειροποίητο	khiropiito
importé	ξένο	ksèno
J'aimerais quelque chose de plus fin.	Θέλω κάτι λεπτότερο.	thèlo kati lèptotèro
Avez-vous une meilleure qualité ?	Ἔχετε καλύτερη ποιότητα;	èkhètè kalitèri piotita
En quoi est-ce ?	Τί ὕφασμα εἶναι;	ti ifazma inè

Ce peut être en...

batiste	βατίστα	vatista
coton	βαμβακερό	vammvakèro
cuir	δέρμα	ðèrma
daim	σουέτ	souèt
dentelle	δαντέλλα	ðanndèla
feutre	τσόχα	tsokha
flanelle	φανέλλα	fanèla
gabardine	καμπαρντίνα	kabarðina
laine	μάλλινο	malino
lin	λινό	lino
mousseline de soie	μουσελίνα μεταξωτή	moussèlina mètaksoti
nylon	νάϋλον	nailonn
peigné	μάλλινο ὑφαντό	malino ifanndo
piqué	πικέ	pikè
poil de chameau	καμηλό	kamilo
popeline	ποπλίνα	poplina
rayonne	ρεγιόν	rèyionn
satin	σατέν	satèn
serge	χοντρό μάλλινο	khonndro malino
soie	μεταξωτό	mètaksoto
taffetas	ταφτᾶς	taftass
tissu éponge	πετσετέ	pètsètè
toile cirée	μουσαμᾶς	moussamass
tulle	τούλι	touli
tweed	τουῖντ	touïd
velours	βελοῦδο	vèlouðo
velours côtelé	βελοῦδο κοτλέ	vèlouðo kotlè
velvantine	βελοῦδο βαμβακερό	vèlouðo vammvakèro

Cela déteint-il?	Δέν ξεβάφει;	ðèn ksèvafi
Est-ce infroissable?	Δέν ζαρώνει;	ðèn zaroni
Est-ce synthétique?	Εἶναι συνθετικό;	inè sinnθètiko
Faut-il le repasser après lavage?	Πλένεται καί δέν θέλει σίδερο;	plènètè kè ðèn θèli sidèro

Taille

Que ce soit pour les habits ou pour les chaussures, les tailles
en Grèce correspondent plus ou moins aux tailles françaises.
Mais comme à l'intérieur même d'un pays les grandeurs
peuvent varier suivant la fabrique ou le modèle, demandez
qu'on prenne vos mesures ou sinon essayez directement le
vêtement.

J'ai la taille 38.	Τό νούμερό μου είναι 38.	to **noumèro** mou inè 38
Voulez-vous prendre mes mesures?	Θέλετε νά μοῦ πάρετε μέτρα;	**θèl**ètè na mou **par**ètè **mè**tra

Un bon essayage?

Puis-je l'essayer?	Μπορῶ νά τό δοκι-μάσω;	boro na to δoki**mass**o
Où est la cabine d'essayage?	Ποῦ εἶναι τό δοκιμα-στήριο;	pou inè to δokima**stir**io
Y a-t-il un miroir?	Ὑπάρχει καθρέφτης;	i**park**hi ka**θrèf**tiss
Cela me va-t-il?	Μοῦ κάνει;	mou **kan**i
Cela me va très bien.	Μοῦ πηγαίνει πολύ καλά.	mou pi**yèn**i poli **kal**a
Cela ne me va pas.	Δέν μοῦ κάνει.	δèn mou **kan**i
C'est trop...	Εἶναι πολύ...	inè poli
court/long serré/ample	κοντό/μακρύ στενό/φαρδύ	kon**nd**o/**mak**ri **stèn**o/**far**δi
Le pli est-il permanent?	Ἔχει τσάκιση διαρκείας;	**èk**hi **tsak**issi δiar**kiass**
Combien de temps prendra la retouche?	Σέ πόσες ἡμέρες μπορεῖτε νά μοῦ τό διορθώσετε;	sè pos**sèss** i**mèrè**ss bori**tè** na mou to δior**θoss**ètè

Chaussures

J'aimerais une paire de …	Θά ἤθελα ἕνα ζευγάρι…	θa iθèla èna zèvgari
souliers/sandales	παπούτσια/πέδιλα	papoutsia/pèðila
bottes/pantoufles	μπότες/παντόφλες	botèss/panndoflèss
chaussures de tennis	παπούτσια τοῦ τέννις	papoutsia tou tèniss
espadrilles	παπούτσια σχοινένια	papoutsia skhinènia
Ils sont trop …	Αὐτά εἶναι πολύ…	afta inè poli
étroits/larges	στενά/φαρδυά	stèna/farðia
grands/petits	μεγάλα/μικρά	mègala/mikra
Ils me serrent le bout du pied.	Μέ πιέζουν στά δάκτυλα.	mè pièzoun sta ðaktila
Avez-vous les mêmes en …?	Ἔχετε τό ἴδιο σέ…;	èkhètè to iðio sè
brun/beige	καφέ/μπέζ	kafè/bèz
noir/blanc	μαῦρο/ἄσπρο	mavro/aspro
daim	καστόρι	kastori
Est-ce du cuir véritable?	Εἶναι γνήσιο δέρμα;	inè gnissio ðèrma
J'aimerais…	Θά ἤθελα…	θa iθèla
chausse-pied	ἕνα κόκκαλο γιά τά παπούτσια	èna kokalo yia ta papoutsia
cirage	ἕνα βερνίκι γιά τά παπούτσια	èna vèrniki yia ta papoutsia
embouchoirs	ἕνα ζευγάρι καλαπόδια	èna zèvgari kalapoðia
lacets	κορδόνια γιά τά παπούτσια	korðonia yia papoutsia

Vos chaussures rendent-elles l'âme? Voici qui vous permettra de les faire réparer...

Pouvez-vous réparer ces chaussures?	Μπορεῖτε νά ἐπιδιορθώσετε αὐτά τά παπούτσια;	boritè na èpiðiorθossètè afta ta papoutsia
Pouvez-vous recoudre ceci?	Μπορεῖτε νά ράψετε αὐτό;	boritè na rapsètè afto
J'aimerais que vous changiez les semelles et les talons.	Θέλω καινούργιες σόλες καί τακούνια.	θèlo kènouryièss solèss kè takounia
Quand seront-ils terminés?	Πότε θά εἶναι ἕτοιμα;	potè θa inè ètima

Liste de vêtements et accessoires

J'aimerais...	Θά ἤθελα...	θa iθèla
bas	κάλτσες γυναικεῖες	kaltsèss yinèkièss
blazer	ἕνα σακκάκι	èna sakaki
blouse	μία μπλούζα	mia blouza
blouson de sport	ἕνα μπουφάν	èna boufan
bonnet	μία σκούφια	mia skoufia
bretelles	ἕνα ζευγάρι τιράντες	èna zèvgari tiranndèss
caleçon	ἕνα σώβρακο	èna sovrako
cardigan	μία πλεκτή ζακέττα	mia plèkti zakèta
casquette	μία τραγιάσκα	mia trayiaska
chandail	ἕνα πουλόβερ μάλλινο	èna poulovèr malino
chapeau	ἕνα καπέλλο	èna kapèlo
chaussettes	κάλτσες	kaltsèss
chaussures	παπούτσια	papoutsia
chemise/chemisier	ἕνα πουκάμισο	èna poukamisso
chemise de nuit	ἕνα νυκτικό	èna niktiko
collant	ἕνα καλσόν	èna kalsonn
complet	ἕνα κουστούμι	èna koustoumi
costume	ἕνα κουστούμι	èna koustoumi
cravate	μία γραβάτα	mia gravata
culottes	κυλότες	kilotèss
foulard	ἕνα κασκόλ	èna kaskol
gaine	ἕνα λαστέξ	èna lastèks
gants	γάντια	ganndia
gilet	ἕνα γιλέκο	èna yilèko
habits d'enfant	παιδικά ρούχα	pèdika roukha
jarretelles	ζαρτιέρες	zartièrèss
jeans	μπλοῦ-τζήν	bloudzinn
jupe	μία φούστα	mia fousta
jupon	μία κομπιναιζόν	mia kommbinèzonn
lingerie	ἐσώρουχα	èssoroukha
maillot de corps	μία φανέλλα	mia fanèla
manteau	ἕνα παλτό	èna palto
manteau de fourrure	ἕνα γούνινο παλτό	èna gounino palto
manteau de pluie	ἕνα ἀδιάβροχο	èna aðiavrokho
mouchoir	ἕνα μαντήλι	èna manndili
négligé	μία ρόμπα	mia roba
peignoir de bain	ἕνα μπουρνούζι	èna bournouzi
pantalon	ἕνα παντελόνι	èna panndèloni
pardessus	ἕνα πανωφόρι	èna panofori
pèlerine (cape)	μία κάπα	mia kapa
porte-jareretelles	μία ζαρτιέρα	mia zartièra
pull	ἕνα πουλόβερ	èna poulovèr

pyjama	ἕνα ζευγάρι πυτζάμες	èna zèvgari pidzamèss
robe	ἕνα φόρεμα	èna forèma
robe de chambre	μία ρόμπα	mia roba
robe d'intérieur	ἕνα φόρεμα ὑποδοχῆς	èna forèma ipoδokhiss
robe du soir	ἕνα βραδυνό φόρεμα	èna vraδino forèma
salopettes	μία φόρμα	mia forma
shorts	ἕνα σόρτς	èna sortss
slips	κυλότες	kilotèss
smoking	ἕνα σμόκιν	èna smokinn
soutien-gorge	ἕνα σουτιέν	èna soutièn
survêtement	μία φόρμα γυμναστικῆς	mia forma yimnastikiss
tricot	ἕνα πουλόβερ	èna poulovèr
T-shirt	ἕνα Τί-σέρτ	èna tissèrt
veste de sport	ἕνα σακκάκι σπόρ	èna sakaki spor
veston	μία ζακέττα	mia zakèta

Pour la plage...

bikini	ἕνα μπικίνι	èna bikini
bonnet de bain	μία σκούφια γιά τό μπάνιο	mia skoufia yia to banio
chapeau de plage	ἕνα καπέλλο για τόν ἥλιο	èna kapèlo yia tonn ilio
costume de bain	ἕνα μαγιό	èna mayio
linge de bain	μία πετσέτα μπάνιου	mia pètsèta baniou
sac de plage	μία τσάντα γιά τή θάλασσα	mia tsannda yia ti θalassa
sandales de bain	πέδιλα γιά τή θάλασσα	pèδila yia ti θalassa
tenue de plage	ἕνα μπουρνούζι	èna bournouzi

boucle	ἀγκράφα	aghrafa
bouton	κουμπί	koumbi
ceinture	ζώνη	zoni
col	γιακάς	yiakass
doublure	φόδρα	foδra
élastique	λάστιχο	lastikho
fermeture éclair	φερμουάρ	fèrmouar
manche	μανίκι	maniki
manchettes	μανικέτια	manikètia
ourlet	στρίφωμα	strifoma
poche	τσέπη	tsèpi
revers	πέττο	pèto
ruban	κορδέλλα	korδèla

Librairie – Papeterie – Journaux

En Grèce, librairie et papeterie sont toujours réunies en un seul magasin. Les journaux et les revues sont vendus dans les kiosques.

Où est le/la… le/la plus proche?	Ποῦ εἶναι τό κοντινότερο …;	pou inè to konndinotèro
librairie	βιβλιοπωλεῖο	vivliopolio
papeterie	χαρτοπωλεῖο	khartopolio
kiosque à journaux	περίπτερο	pèriptèro
Où puis-je acheter un journal français?	Ποῦ μπορῶ νά ἀγοράσω μία γαλλική ἐφημερίδα;	pou boro na agorasso mia galiki èfimèriδa
J'aimerais acheter…	Θέλω νά ἀγοράσω…	θèlo na agorasso
bloc à dessin	ἕνα μπλόκ ζωγραφικῆς	èna blok zografikiss
bloc-notes	ἕνα τετράδιο	èna tètraδio
bloc de papier	ἕνα μπλόκ	èna blok
boîte de couleurs	ἕνα κουτί μέ μπογιές	èna kouti mè boyièss
buvard	ἕνα στυπόχαρτο	èna stipokharto
carte	ἕνα χάρτη	èna kharti
plan de la ville	ἕνα χάρτη τῆς πόλης	èna kharti tiss poliss
carte routière	ἕνα ὁδικό χάρτη	èna oδiko kharti
cartes postales	μερικές κάρτ-ποστάλ	mèrikèss kartpostal
colle	κόλλα	kola
crayon	ἕνα μολύβι	èna molivi
crayons de couleur	χρωματιστά μολύβια	khromatista molivia
dictionnaire	ἕνα λεξικό	èna lèksiko
grec-français	Ἑλληνογαλλικό	èlinogaliko
français-grec	Γαλλοελληνικό	galoèliniko
dictionnaire de poche	ἕνα λεξικό τσέπης	èna lèksiko tsèpiss
élastiques	μερικά λαστιχάκια	mèrika lastikhakia
encre	μελάνι	mèlani
noire/rouge/bleue	μαῦρο/κόκκινο/μπλέ	mavro/kokino/blè
enveloppes	μερικούς φακέλλους	mèrikouss fakèlouss
étiquettes	μερικές ἐτικέττες	mèrikèss ètikètèss
ficelle	σπάγγο	spanggho
gomme	μία γόμμα	mia goma
grammaire	ἕνα βιβλίο γραμματικῆς	èna vivlio gramatikiss
guide (livre)	ἕνα τουριστικό ὁδηγό	èna touristiko oδigo

journal	μία ἐφημερίδα	mia èfimèrìða
français	γαλλική	galiki
belge	βελγική	vèlyiki
suisse	ἑλβετική	èlvètiki
livre	ἕνα βιβλίο	èna vivlio
livre de poche	ἕνα φτηνό βιβλίο	èna ftino vivlio
papier à dessin	χαρτί γιά σχέδιο	kharti yia skhèdio
papier à machine	χαρτί γραφομηχανῆς	kharti grafomikhaniss
papier carbone	καρμπόν	karbonn
papier collant	σελοτέϊπ	sèlotèïp
papier d'emballage	χαρτί περιτυλίγματος	kharti pèritiligmatoss
punaises	μερικές πινέζες	mèrikèss pinèzèss
recharge pour stylo	ἕνα ἀνταλλακτικό γιά στυλό	èna anndalaktiko yia stilo
revue	ἕνα περιοδικό	èna pèrioðiko
ruban de machine à écrire	μία κορδέλλα γιά γραφομηχανή	mia korðèla yia grafomikhani
serviettes en papier	χαρτοπετσέτες	khartopètsètèss
stylo	ἕνα στυλό	èna stilo
stylo à bille	ἕνα στυλό διαρκείας	èna stilo ðiarkiass
taille-crayon	μία ξύστρα	mia ksistra
timbres	γραμματόσημα	gramatossima
Où est le rayon des guides de voyage?	Ποῦ εἶναι τό τμῆμα τῶν τουριστικῶν ὁδηγῶν;	pou inè to tmima tonn touristikonn oðigonn
Où sont les livres français?	Ποῦ ἔχετε τά γαλλικά βιβλία;	pou èkhètè ta galika vivlia
Avez-vous des livres de... en français?	Ἔχετε βιβλία τοῦ... στά Γαλλικά;	èkhètè vivlia tou... sta galika

Voici quelques auteurs grecs contemporains dont les œuvres ont été traduites en français.

Konstantinos P. Kavafis	Yiorgios Seferis
Nikos Kazantzakis	Kostas Taktzis
Spiros Melas	Ilias Venezis
Nikos Melissinos	Vassilis Vassilikos

Pharmacie

La pharmacie grecque n'offre que des produits spécialisés. Vous trouverez des parfums, produits de maquillage, etc., dans un κατάστημα καλλυντικῶν (**kata**stima kalinndi**konn**).

Un panneau en vitrine vous indiquera la pharmacie de service la plus proche.

Pour vous en permettre une lecture plus aisée, nous avons divisé ce chapitre en deux parties:

1. Pharmacie – médicaments, premiers soins, etc.
2. Articles de toilette, produits de beauté.

Généralités

Où est la pharmacie (de service) la plus proche?	Ποῦ εἶναι τό κοντινότερο (διανυκτερεῦον) φαρμακεῖο;	pou inè to konndinotèro (ðianiktèrèvonn) farmakio
A quelle heure ouvre/ ferme la pharmacie?	Τί ὥρα ἀνοίγει/κλείνει τό φαρμακεῖο;	ti ora aniyi/klini to farmakio

1. Pharmacie

J'aimerais quelque chose contre ...	Θέλω κάτι γιά...	thèlo kati yia
les coups de soleil	τό ἔγκαυμα τοῦ ἥλιου	to ènghavma tou iliou
la «gueule de bois»	μετά τό μεθύσι	mèta to mèthissi
le mal de voyage	τή ναυτία	ti naftia
le rhume	τό κρυολόγημα	to krioloyima
le rhume des foins	τό ἀλλεργικό συνάχι	to alèryiko sinakhi
la toux	τό βήχα	to vikha
Pouvez-vous exécuter cette ordonnance?	Μπορεῖτε νά μοῦ ἐτοιμάσετε αὐτή τή συνταγή;	borithè na mou ètimassètè afti ti sinndayi
Faut-il attendre?	Πρέπει νά περιμένω;	prèpi na pèrimèno
Quand puis-je repasser?	Πότε νά ἔλθω πάλι;	potè na èltho pali
Puis-je avoir cela sans ordonnance?	Μπορῶ νά τό πάρω χωρίς συνταγή;	boro na to paro khoriss sinndayi

MÉDECIN, voir page 162

Puis-je avoir...	Μπορῶ νά ἔχω...;	boro na èkho
ammoniaque	ἀμμωνία	amonia
aspirine	ἀσπιρίνη	aspirini
bain de bouche	ὑγρό γιά τήν πλύση τοῦ στόματος	igro yia tinn plissi tou stomatoss
bandage	ἕνα ἐπίδεσμο	èna èpidèzmo
bande de gaze	γάζα ἀντισηπτική	gaza anndissiptiki
calmants	ἠρεμιστικά	irèmistika
compresses adhésives	λευκοπλάστη	lèfkoplasti
comprimés vitaminés	βιταμῖνες	vitaminèss
contraceptifs	ἀντισυλληπτικά χάπια	anndisiliptika khapia
coricides	ἔμπλαστρα γιά κάλλους	èmblastra yia kalouss
crème antiseptique	ἀντισηπτική κρέμα	anndissiptiki krèma
désinfectant	ἀπολυμαντικό	apolimanndiko
gargarisme	ὑγρό γιά γαργάρες	igro yia gargarèss
gouttes pour les oreilles	σταγόνες γιά τ'αὐτιά	stagonèss yia taftia
gouttes pour les yeux	κολλύριο	kolirio
huile de ricin	ρετσινόλαδο	rètsinolaδo
insecticide	ἐντομοκτόνο	èndomoktono
iode	ἰώδιο	ioδio
laxatif	καθαρκτικό	kaθarktiko
ouate	μπαμπάκι	bammbaki
pansement adhésif	λευκοπλάστη	lèfkoplasti
pastilles contre la toux	παστίλλιες γιά τό βήχα	pastilièss yia to vikha
pastilles pour la gorge	παστίλλιες γιά τό λαιμό	pastilièss yia to lèmo
pilules à base de fer	χάπια σιδήρου	khapia siδirou
pilules digestives	χάπια γιά τό στομάχι	khapia yia to stomakhi
pilules pour diabétiques	χάπια γιά διαβητικούς	khapia yia δiavitikouss
serviettes hygié-niques	σερβιέττες	sèrviètess
somnifères	ὑπνωτικά χάπια	ipnotika khapia
thermomètre	ἕνα θερμόμετρο	èna θèrmomètro
tranquillisants	καταπραϋντικά	katapraïndika

ΔΗΛΗΤΗΡΙΟ	POISON
ΓΙΑ ΕΞΩΤΕΡΙΚΗ ΧΡΗΣΗ ΜΟΝΟ	USAGE EXTERNE SEULEMENT

2. Articles de toilette

J'aimerais…	Θά ἤθελα…	θa iθela
astringent	μία στυπτική λοσιόν	mia stiptiki lossionn
blaireau	ἕνα πινέλλο γιά τό ξύρισμα	èna pinèlo yia to ksirizma
brosse à dents	μία ὀδοντόβουρτσα	mia oðonndovourtsa
brosse à ongles	μία βούρτσα γιά τά νύχια	mia vourtsa yia ta nikhia
crayon pour les yeux	ἕνα μολύβι γιά τά μάτια	èna molivi yia ta matia
cotons à démaquiller	μπαμπάκι γιά τόν καθαρισμό τοῦ προσώπου	bammbaki yia tonn kaθarizmo tou prossopou
coupe-ongles	ἕνα νυχοκόπτη	èna nikhokopti
crème	μία κρέμα	mia krèma
contre l'acné	κρέμα γιά τήν ἀκμή	krèma yia tinn akmi
de base	μιά βάση	mia vassi
cold cream	κρέμα θρεπρική	krèma θrèpriki
aux hormones	κρέμα μέ ὁρμόνες	krèma mè ormonèss
hydratante	κρέμα ὑδατική	krèma iðatiki
de nuit	κρέμα νύκτας	krèma niktass
pour les mains	κρέμα γιά τά χέρια	krèma yia ta khèria
pour les pieds	κρέμα γιά τα πόδια	krèma yia ta poðia
à raser	κρέμα ξυρίσματος	krèma ksirizmatoss
solaire	κρέμα γιά τόν ἥλιο	krèma yia tonn ilio
désodorisant	ἀποσμητικό	apozmitiko
dissolvant	ἀσετόν	assètonn
eau de Cologne	κολώνια	kolonia
eau de toilette	ὦ ντέ τουαλλέτ	o dè toualèt
fard	ρούζ	rouz
crème/poudre	κρέμα/πούδρα	krèma/pouðra
fard à paupière	μία σκιά γιά τά μάτια	mia skia yia ta matia
houpette	ἕνα πον-πόν γιά πούδρα	èna ponnponn yia pouðra
huile solaire	ἕνα λάδι γιά τόν ἥλιο	èna laði yia tonn ilio
lait démaquillant	ἕνα γαλάκτωμα	èna galaktoma
lames de rasoir	ξυραφάκια γιά τό ξύρισμα	ksirafakia yia to ksirizma
lime à ongles	μία λίμα γιά τά νύχια	mia lima yia ta nikhia
lotion après rasage	μία λοσιόν γιά μετά τό ξύρισμα	mia lossionn yia mèta to ksirizma
lotion pour le visage	ὑγρό γιά τόν καθαρισμό τοῦ προσώπου	igro yia tonn kaθarizmo tou prossopou
masque facial	μία μάσκα ὀμορφιᾶς	mia maska omorfiass
mouchoirs en papier	χαρτομάντηλα	khartomanndila
papier hygiénique	χαρτί ὑγείας	kharti iyiass

parfum	ἕνα ἄρωμα	èna aroma
pâte dentifrice	μία ὀδοντόπαστα	mia oðonndopasta
pince à épiler	ἕνα τσιμπίδι γιά τά φρύδια	èna tsimmbiði yia ta friðia
poudre	μία πούδρα	mia pouðra
poudre pour le visage	μία πούδρα γιά τό πρόσωπο	mia pouðra yia to prossopo
rasoir mécanique	μία ξυριστική μηχανή	mia ksiristiki mikhani
rouge à lèvres	ἕνα κραγιόν γιά τά χείλια	èna krayionn yia ta khilia
savon	ἕνα σαπούνι	èna sapouni
savon à barbe	ἕνα σαπούνι ξυρίσματος	èna sapouni ksirizmatoss
sels de bain	ἅλατα μπάνιου	alata baniou
serviettes en papier	χαρτοπετσέτες	khartopètsètèss
shampooing crème/liquide	ἕνα σαμπουάν κρέμα/ὑγρό	èna sammbouann krèma/igro
talc	τάλκ	talk
trousse de toilette	ἕνα νεσεσέρ	èna nèssèssèr
vernis à ongles	ἕνα βερνίκι γιά τά νύχια	èna vèrniki yia ta nikhia

Pour vos cheveux

bigoudis	ρολλά	rola
brosse	βούρτσα	vourtsa
épingles à cheveux	τσιμπίδια	tsimmbiðia
laque	λάκ	lak
peigne	τσατσάρα	tsatsara
pinces à cheveux	φουρκέττες	fourkètèss
postiche	ποστίς	postiss
teinture	βαφή	vafi

Photographie – Appareils de photo

J'aimerais un appareil photo bon marché.	Θέλω μία φτηνή φωτογραφική μηχανή.	thèlo mia ftini fotografiki mikhani
Montrez-moi celui qui est dans la vitrine.	Δεῖξτε μου αὐτή στή βιτρίνα.	ðikstè mou afti sti vitrina

Films

Vous trouverez toutes les grandes marques de films en couleurs ou en noir et blanc pour appareils de photos et caméras, mais à des prix élevés. Aussi, dans la mesure du possible, pensez à acheter vos films avant de partir.

J'aimerais un film pour cet appareil.	Θά ἤθελα ἕνα φίλμ γι'αὐτή τή μηχανή.	tha ithèla èna film yiafti ti mikhani
6 × 6	ἕξη ἐπί ἔξη	èksi èpi èksi
4 × 4	τέσσερα ἐπί τέσσερα	tèssèra èpi tèssèra
24 × 36	εἴκοσι τέσσερα ἐπί τριάντα ἔξη	ikossi tèssèra èpi triannda èksi
8 mm	τῶν ὀκτώ χιλιοστῶν	tonn okto khiliostonn
super 8	σοῦπερ ὀκτώ	soupèr okto
16 mm	τῶν δεκαέξη χιλιοστῶν	tonn dèkaèksi khiliostonn
20/36 poses	εἴκοσι/τριάντα ἕξη φωτογραφίες	ikossi/triannda èksi fotografièss
ce format	αὐτό τό μέγεθος	afto to mèyèthoss
cette sensibilité en ASA/DIN	αὐτό τόν ἀριθμό ASA/DIN	afto tonn ariθmo assa/ dinn

couleur	ἔγχρωμο	èngkhromo
négatif couleur	ἔγχρωμο ἀρνητικό	èngkhromo arnitiko
noir et blanc	ἀσπρόμαυρο	aspromavro
diapositives couleur	ἔγχρωμο σλάϊντς	èngkhromo slaïdss
pour lumière artificielle	γιά τεχνητό φῶς	yia tèkhnito foss
pour lumière naturelle	γιά φῶς τῆς	yia foss tiss imèrass

NOMBRES, voir page 175

Développement

Combien coûte le développement?	Πόσο κοστίζει ἡ ἐμφάνιση;	posso kostizi i èmfanissi
Je désire... épreuves de chaque négatif.	Θέλω ... φωτογραφίες ἀπό κάθε ἀρνητικό.	thèlo... fotografièss apo kaθè arnitiko
Veuillez m'en faire un agrandissement, s'il vous plaît.	Μπορεῖτε νά μοῦ μεγεθύνετε αὐτό, παρακαλῶ;	boritè na mou mèyèθinètè afto parakalo

Accessoires

J'aimerais...	Θέλω...	θèlo
ampoules flash	ἀμποῦλες γιά τό φλάς	ammboulèss yia to flass
cable déclancheur	ἕνα καλώδιο γιά αὐτόματη φωτογράφιση	èna kaloδio yia aftomati fotografissi
capuchon	ἕνα κάλυμμα γιά τό φακό	èna kalima yia to fako
filtre	ἕνα φίλτρο	èna filtro
rouge	κόκκινο	kokino
jaune	κίτρινο	kitrino
ultra violet	ὑπεριῶδες	ipèrioδèss
objectif	ἕνα φακό	èna fako
objectif zoom	ἕνα φακό ζούμ	èna fako zoum
posemètre	ἕνα φωτόμετρο	èna fotomètro

Abîmé

Cet appareil ne fonctionne plus. Pouvez-vous le réparer?	Ἡ μηχανή δέν δουλεύει. Μπορεῖτε νά τή διορθώσετε;	i mikhani δèn δoulèvi. boritè na ti διorθossètè
Le film est coincé.	Τό φίλμ ἔχει μπλεχτεῖ.	to film èkhi blèkhti
J'ai des ennuis avec le/la...	Κάτι δέν λειτουργεῖ καλά στό...	kati δèn litouryi kala sto
compteur d'images	μετρητή τῶν φωτογραφιῶν	mètriti tonn fotografionn
obturateur	διάφραγμα	διafragma
posemètre	φωτόμετρο	fotomètro
rebobinage	γύρισμα τοῦ φίλμ	yirizma tou film
télémètre	ἀποστασιόμετρο	apostassiomètro

Provisions

Voici une liste des principaux aliments et boissons dont vous pourriez avoir besoin pour un pique-nique ou un repas improvisé chez vous.

J'aimerais..., s'il vous plaît.	Θά ἤθελα..., παρακαλῶ.	θa iθèla... parakalo
bananes	μπανάνες	bananèss
beurre	βούτυρο	voutiro
biscuits	μπισκότα	biskota
biscuits secs	βουτήματα	voutimata
bonbons	γλυκά/καραμέλλες	glika/karamèlèss
café	καφέ	kafè
chips	τσίπς	tsipss
chocolat (plaque)	μία σοκολάτα	mia sokolata
citrons	λεμόνια	lèmonia
concombres	ἀγγούρια	anngghouria
crackers	κρακεράκια	krakèrakia
farine	ἀλεύρι	alèvri
fromage	τυρί	tiri
glace	παγωτό	pagoto
hamburgers	χάμπουργκερς	khammbourghèrss
jambon	ζαμπόν	zammbonn
jus d'orange	χυμό πορτοκαλιοῦ	khimo portokaliou
jus de pamplemousse	χυμό φράπας	khimo frapass
jus de pomme	χυμό μήλου	khimo milou
jus de raisin	χυμό ἀπό σταφύλι	khimo apo stafili
lait	γάλα	gala
laitue	μαρούλι	marouli
légumes au vinaigre	πίκλες	piklèss
limonade	λεμονάδα	lèmonaδa
moutarde	μουστάρδα	moustarδa
œufs	αὐγά	avga
olives	ἐλιές	elièss
oranges	πορτοκάλια	portokalia
pain	ψωμί	psomi
petits pains	ψωμάκια	psomakia
pâté	πατέ	patè
poivre	πιπέρι	pipèri
pommes	μῆλα	mila
pommes de terre	πατάτες	patatèss
porc	χοιρινό	khirino
raisins secs	σταφίδες	stafiδèss
salade	σαλάτα	salata
salami	σαλάμι	salami

sandwiches	σάντουϊτς	sanndouïtss
saucisses	λουκάνικα	loukanika
saucisse au foie	λουκάνικο ἀπό συκώτι	loukaniko apo sikoti
saucisses de Francfort	λουκάνικα Φρανκφούρτης	loukanika franngghfourtiss
sel	ἁλάτι	alati
séré	φρέσκια μυζήθρα	freskia miziθra
spaghetti	σπαγέττο	spayèto
sucre	ζάχαρη	zakhari
thé	τσάϊ	tsaï
tomates	ντομάτες	domatèss
viande froide	κρύο κρέας	krio krèass
vin	κρασί	krassi

Et n'oubliez pas...

des allumettes	σπίρτα	spirta
un décapsuleur	ἕνα ἀνοιχτήρι γιά μπουκάλια	èna anikhtiri yia boukalia
un ouvre-boîtes	ἕνα ἀνοιχτήρι γιά κονσέρβες	èna anikhtiri yia konnsèrvèss
des serviettes en papier	χαρτοπετσέτες	khartopètsètèss
un tire-bouchon	ἕνα τίρ-μπουσόν	èna tirboussonn

boîte	κουτί	kouti
boîte de conserve	κονσέρβα	konnsèrva
bouteille	μπουκάλι	boukali
cageot	καφάσι	kafassi
carton	χαρτονένιο κουτί	khartonènio kouti
fût	βαρέλι	varèli
paquet	πακέττο	pakèto
tube	σωληνάριο	solinario
vase	γυάλινο δοχεῖο	yialino ðokhio

gramme	τό γραμμάριο	to gramario
kilo	τό κιλό	to kilo
litre	τό λίτρο	to litro
livre	τό μισό κιλό	to misso kilo

Souvenirs

La Grèce vous offre un large choix de produits artisanaux, en particulier de tissages faits à la main, de poupées costumées, de blouses et de nappes brodées. La céramique et la bijouterie s'inspirent le plus souvent de modèles classiques. Le style particulier des céramiques et poteries d'Athènes et de Rhodes est très populaire. La poterie possède une valeur à la fois décorative et utilitaire. Sur les îles, vous trouverez de la vaisselle de terre cuite très bon marché.

Les marchés aux puces proposent des antiquités très avantageuses, à commencer par toutes sortes d'objets de cuivre, de laiton, de bronze ou d'autres métaux. A noter que l'exportation des objets anciens est strictement contrôlée, et qu'il est pratiquement impossible de leur faire passer la frontière.

A l'intention de ceux qui aiment les fourrures délicates, la Grèce est réputée pour ses fourrures de martre, en particulier celle de la martre des pierres.

Voici quelques articles que vous aurez peut-être envie d'acheter comme souvenir ou comme cadeau:

objets en albâtre	εἴδη ἀπό ἀλάβαστρο	iði apo alavastro
argenterie	ἀσημικά	assimika
besace	ταγάρι	tagari
cape de berger	κάπα	kapa
chapelet	κομπολόϊ	kommboloï
clochettes de cuivre	μπροὺτζινα κουδούνια	broudzina kouðounia
couverture de laine à poils longs	φλοκάτη	flokati
poterie	εἴδη ἀγγειοπλαστικῆς	iði anngghioplastikiss
poupées en costume national (evzone)	κοῦκλες μέ ἐθνικές στολές (εὔζωνος)	kouklèss mè èθnikèss stolèss (èvzonoss)
tapis tissé à la main	κιλίμι	kilimi

Votre argent: Banques – Cours

Dans les grandes banques, il y aura probablement quelqu'un qui parle français. Dans la plupart des centres touristiques vous trouverez de petits bureaux de change, surtout durant la saison estivale. Les cours ne varient guère d'un bureau à l'autre. Pensez à prendre votre passeport. Là où il est possible de changer de l'argent, vous apercevrez l'inscription CHANGE en caractères latins.

Heures d'ouverture

Les banques ouvrent de 8 à 14 h. du lundi au vendredi. Dans les grandes villes et les centres touristiques, une banque au moins reste ouverte entre 17 et 19 h., ainsi que quelques heures le samedi (pour le change seulement).

Unité monétaire

Le système monétaire grec est basé sur la drachme *(drachmí, en abrégé drs;* en grec **Δρχ.**).

Pièces: 1, 2, 5, 10, 20 et 50 drs.
Billets: 50, 100, 500, 1000 et 5000 drs.

Avant de partir

Où est la banque la plus proche?	**Ποῦ εἶναι ἡ κοντινότερη τράπεζα;**	pou inè i konndinotèri trapèza
Où est le bureau de change le plus proche?	**Ποῦ εἶναι τό κοντινότερο γραφεῖο συναλλάγματος;**	pou inè to konndinotèro grafio sinalagmatoss
Où puis-je encaisser un chèque de voyage?	**Ποῦ μπορῶ νά ἐξαργυρώσω ἕνα τράβελερς τσέκ;**	pou boro na èksaryirosso èna travèlèrs tsèk
Où se trouve la Banque Nationale?	**Ποῦ εἶναι ἡ Ἐθνική Τράπεζα;**	pou inè i èthniki trapèza

A l'intérieur

J'aimerais changer des francs français/ belges/suisses.	Θέλω νά ἀλλάξω μερικά φράγκα γαλλικά/ βελγικά/ἑλβετικά.	thèlo na alakso mèrika frannggha galika/vèlyika/ èlvètika
Voici mon passeport.	'Ορίστε τό διαβατήριό μου.	oristè to diavatirio mou
Quel est le cours du change?	Ποιά εἶναι ἡ τιμή συναλλάγματος;	pia inè i timi sinalagmatoss
Quelle commission prenez-vous?	Τί προμήθεια χρεώνετε;	ti promithia khrèonètè
Puis-je toucher un chèque à ordre?	Μπορεῖτε νά ἐξαργυρώσετε ἕνα προσωπικό τσέκ;	boritè na èksaryirossètè èna prossopiko tsèk
Combien de temps faut-il pour le vérifier?	Σέ πόση ὥρα θά εἶναι ἕτοιμο;	sè possi ora θa inè ètimo
Pouvez-vous cabler à ma banque à...	Μπορεῖτε νά τηλεγραφήσετε στή τράπεζά μου στό...	boritè na tilègrafissètè sti trapèza mou sto
J'ai une lettre de crédit.	Ἔχω μία πιστωτική ἐπιστολή.	èkho mia pistotiki èpistoli
une lettre de recommandation de...	μία συστατική ἐπιστολή ἀπό...	mia sistatiki èpistoli apo
une carte de crédit	μία πιστωτική κάρτα	mia pistotiki karta
J'attends de l'argent de... Est-il arrivé?	Περιμένω χρήματα ἀπό τό ... Δέν ἦλθαν ἀκόμη;	pèrimèno khrimata apo to...δèn ilθann akomi
Donnez-moi... billets de 100 drachmes et de la monnaie, s.v.p.	Δῶστε μου ... χαρτονομίσματα τῶν 100 δραχμῶν καί μερικά κέρματα, παρακαλῶ.	δostè mou...khartonomizmata tonn 100 δrakhmonn kè mèrika kèrmata parakalo
Pouvez-vous vérifier encore une fois, s'il vous plaît?	Μπορεῖτε νά τό ἐλέγξετε πάλι, παρακαλῶ;	boritè na to èlèngksètè pali parakalo

Versement

Je désire verser ceci sur mon compte.	Θέλω νά καταθέσω αὐτό στό λογαριασμό μου.	thèlo na kataθèsso afto sto logariazmo mou
Je désire verser ceci sur le compte de M...	Θέλω νά καταθέσω αὐτό στό λογαριασμό τοῦ Κυρίου...	thèlo na kataθèsso afto sto logariazmo tou kiriou
Où dois-je signer?	Ποῦ νά ὑπογράψω;	pou na ipograpso

Cours du change

A une époque où les cours sont fluctuants, nous ne pouvons vous proposer que ce tableau à compléter vous-même. Vous pourrez obtenir une liste des changes auprès d'une banque, d'une agence de voyage ou d'un office touristique. Mais ce tableau vous suffira comme référence.

Drachmes	Fr. B.	Fr. F.	Fr. S.
1 drachme			
2 drachmes			
5 drachmes			
10 drachmes			
20 drachmes			
50 drachmes			
100 drachmes			
500 drachmes			
1000 drachmes			

NOMBRES, voir page 175

A la poste

Vous reconnaîtrez un bureau de poste aux lettres ΕΛ.ΤΑ. Ils sont ouverts de 8 à 19 h. du lundi au vendredi. Dans les villages, les heures d'ouverture sont moins régulières.

Toute lettre recommandée et tout paquet à destination de l'étranger sont contrôlés avant l'envoi; ne les fermez donc pas avant de les présenter au guichet.

On vend également des timbres dans les kiosques et les magasins de souvenir, mais moyennant un supplément de 10%.

Où est la poste la plus proche?	Ποῦ εἶναι τό κοντινότερο ταχυδρομεῖο;	pou inè to konndinotèro takhiðromio
A quelle heure ouvre/ ferme la poste?	Τί ὥρα ἀνοίγει/κλείνει τό ταχυδρομεῖο;	ti ora aniyi/klini to takhiðromio
Quel est le guichet des timbres?	Σέ ποιά θυρίδα πρέπει νά πάω γιά γραμματόσημα;	sè pia θiriða prèpi na pao yia gramatossima
A quel guichet puis-je toucher un mandat postal international?	Σέ ποιό γκισέ μπορῶ νά ἐξαργυρώσω μία διεθνή ταχυδρομική ἐπιταγή;	sè pio ghissè boro na èksaryirosso mia dièθni takhiðromiki èpitayi
J'aimerais des timbres, s.v.p.	Θέλω μερικά γραμματόσημα, παρακαλῶ.	θèlo mèrika gramatossima parakalo
Quel est le port d'une lettre/carte postale pour...?	Πόσο κοστίζει ἕνα γράμμα/μία κάρτ-ποστάλ γιά τό...;	posso kostizi èna grama/ mia kartpostal yia to
Quand cette lettre arrivera-t-elle?	Πότε θά φθάσει ἐκεῖ τό γράμμα;	potè θa fθassi èki to grama
Toutes les lettres partent-elles par avion?	Ὅλα τά γράμματα πᾶνε ἀεροπορικῶς;	ola ta gramata panè aèroporikoss
Je désire envoyer ce colis.	Θέλω νά στείλω αὐτό τό δέμα.	θèlo na stilo afto to ðèma
Dois-je remplir une fiche pour la douane?	Πρέπει νά συμπληρώσω ἕνα ἔντυπο γιά τό Τελωνεῖο;	prèpi na simmblirosso èna èndipo yia to tèlonio

Je désire envoyer cette lettre par recommandé.	Θέλω νά στείλω αὐτό τό γράμμα συστημένο.	thèlo na stilo afto to grama sistimène
Où est la boîte aux lettres?	Ποῦ εἶναι τό γραμματοκιβώτιο;	pou inè to gramatokivotio
Je désire envoyer ceci par...	Θέλω νά στείλω αὐτό ...	thèlo na stilo afto
avion	ἀεροπορικῶς	aèroporikoss
exprès	ἐξπρές	èksprèss
recommandé	συστημένο	sistimène
Où est la poste restante?	Ποῦ εἶναι ἡ πόστρεστάντ;	pou inè i postrèstannd
Avez-vous du courrier pour moi? Je m'appelle...	Ὑπάρχουν γράμματα γιά μένα; Ὀνομάζομαι...	iparkhoun gramata yia mèna? onomazomè
Voici mon passeport.	Ὁρίστε τό διαβατήριό μου.	oristè to ðiavatirio mou

ΓΡΑΜΜΑΤΟΣΗΜΑ	TIMBRES
ΔΕΜΑΤΑ	COLIS
ΕΠΙΤΑΓΕΣ	MANDATS

Télégrammes

Où est le bureau des télégrammes (le plus proche)?	Ποῦ εἶναι τό (κοντινότερο) τηλεγραφεῖο;	pou inè to (konndinotèro) tilègrafio
J'aimerais envoyer un télégramme. Veuillez me donner une formule, s.v.p.	Θέλω νά στείλω ἕνα τηλεγράφημα. Μοῦ δείνετε ἕνα ἔντυπο, παρακαλῶ;	thèlo na stilo èna tilègrafima. mou ðinètè èna èndipo parakalo
Combien coûte le mot?	Πόσο κοστίζει ἡ λέξη;	posso kostizi i lèksi
En combien de temps un télégramme arrive-t-il à Paris?	Πόση ὥρα κάνει ἕνα τηλεγράφημα γιά τό Παρίσι;	possi ora kani èna tilègrafima yia to parissi

Téléphone

Chaque ville importante possède un Office grec des Télécommunications (OTE), situé aux abords de la poste principale. C'est là que vous vous rendrez pour télégraphier et téléphoner.

La Grèce s'est dotée d'un réseau téléphonique parmi les plus modernes d'Europe. Par l'automatique, vous pouvez établir des communications internationales avec tous les pays du monde.

Généralités

Où est le téléphone?	Ποῦ εἶναι τό τηλέφωνο;	pou inè to tilèfono
Où est la cabine téléphonique la plus proche?	Ποῦ εἶναι ὁ κοντινότερος τηλεφωνικός θάλαμος;	pou inè o konndinotèross tilèfonikoss θalamoss
Puis-je me servir de votre téléphone?	Μπορῶ νά χρησιμοποιήσω τό τηλέφωνό σας;	boro na khrissimopiïsso to tilèfono sass
Avez-vous l'annuaire téléphonique de...?	Ἔχετε ἕνα τηλεφωνικό κατάλογο γιά τό...;	èkhètè èna tilèfoniko katalogo yia to
Pouvez-vous m'aider à obtenir ce numéro?	Μπορεῖτε νά μέ βοηθήσετε νά πάρω αὐτό τόν ἀριθμό;	boritè na mè voïθissètè na paro afto tonn ariθmo

Téléphoniste

Parlez-vous français?	Μιλᾶτε Γαλλικά;	milatè galika
Bonjour. J'aimerais le 12 34 56 à Patras.	Καλημέρα σας. Θέλω Πάτρα 12 34 56.	kalimèra sass. θèlo patra 12 34 56

Remarque: Les numéros vont par deux.

La liaison est-elle automatique?	Μπορῶ νά τηλεφωνήσω μέ τό αὐτόματο;	boro na tilèfonisso mè to aftomato
J'aimerais une communication avec préavis.	Θέλω νά τηλεφωνήσω μέ προσωπική κλήση.	θèlo na tilèfonisso mè prossopiki klissi

NOMBRES, voir page 175

| J'aimerais une communication en PCV. | Θέλω μία κλήση πληρωτέα ἀπό τό παραλήπτη. | thèlo mia klissi plirotèa apo to paralipti |
| Pourrez-vous me dire ensuite le prix de la communication? | Μπορεῖτε νά μοῦ πεῖτε πόσο κοστίζει τό τηλεφώνημα ὕστερα; | borité na mou pitè posso kostizi to tilèfonima istèra |

Au téléphone

J'aimerais parler à...	Θέλω νά μιλήσω στό...	thèlo na milisso sto
Pouvez-vous me mettre en communication avec...?	Μπορεῖτε νά μέ συνδέσετε μέ τό...;	borité na mè sinndèssètè mè to
J'aimerais l'interne...	Θέλω ἐσωτερικό.	thèlo èssotèriko
Est-ce...?	Εἶναι τό...;	inè to
Bonjour. Ici...	Ἐμπρός. Ἐδῶ...	èmbross. èdo

Pas de chance

| Essayez de rappeler plus tard, s.v.p. | Μπορεῖτε νά δοκιμάσετε πάλι ἀργότερα, παρακαλῶ; | borité na dokimassètè pali argotèra parakalo |
| Vous m'avez donné un faux numéro. | Μοῦ δώσατε λάθος ἀριθμό. | mou dossatè laθoss ariθmo |

Tableau d'épellation

A	alèksannδross	N	nikolaoss
B	vassilioss	Ξ	ksènofonn
Γ	yèoryioss	O	oδissèfss
Δ	δimitrioss	Π	pèrikliss
E	èlèni	P	roδoss
Z	zoï	Σ	sotirioss
H	irakliss	T	timolèonn
Θ	θèoδoross	Y	ipsilanndiss
I	ioaniss	Φ	fotioss
K	konnstanndinoss	X	khristoss
Λ	lèoniδass	Ψ	psaltiss
M	mènèlaoss	Ω	omèga

Il n'y a personne

Quand sera-t-il/elle de retour?	Πότε θά ἐπιστρέψει;	potè θa èpistrèpsi
Pouvez-vous lui dire que j'ai appelé? C'est de la part de…	Τοῦ/Τῆς λέτε ὅτι τηλεφώνησα; Τό ὄνομά μου εἶναι…	tou/tiss lètè oti tilèfonissa? to onoma mou inè
Voulez-vous lui dire de me rappeler?	Τοῦ/Τῆς λέτε νά μοῦ τηλεφωνήσει;	tou/tiss lètè na mou tilèfonissi
Puis-je vous laisser un message, s.v.p.	Μπορῶ νά ἀφήσω μία παραγγελία, παρακαλῶ;	boro na afisso mia paranngghèlia parakalo

Taxes

Quel est le prix de la communication?	Πόσο κόστισε αὐτό τό τηλεφώνημα;	posso kostissè afto to tilèfonima
J'aimerais payer la communication.	Θέλω νά πληρώσω γιά τό τηλεφώνημα.	θèlo na plirosso yia to tilèfonima

---

Σᾶς ζητοῦν στό τηλέφωνο.	Il y a un appel pour vous.
Τί ἀριθμό παίρνετε;	Quel numéro demandez-vous?
Ἡ γραμμή εἶναι κατειλημμένη.	La ligne est occupée.
Δέν ἀπαντᾶ.	On ne répond pas.
Παίρνετε λάθος ἀριθμό.	Ce n'était pas le bon numéro.
Τό τηλέφωνο δέν λειτουργεῖ.	Le téléphone est hors service.
Δέν εἶναι ἐδῶ τώρα.	Il/Elle n'est pas là en ce moment.

La voiture

Station-service

Nous envisagerons tout d'abord vos éventuels besoins dans une station service. La plupart d'entre elles n'entreprennent pas de réparations importantes; mais en plus de l'approvisionnement en essence, elles peuvent vous aider à résoudre une foule de petits problèmes.

Où est la station-service la plus proche ?	Ποῦ εἶναι τό κοντινότερο πρατήριο βενζίνης;	pou inè to konndinotèro pratirio vènziniss
J'aimerais... litres de normale/super.	Θέλω ... λίτρα ἀπλή/σοῦπερ.	thèlo...litra apli/soupèr
dix/vingt/cinquante	δέκα/εἴκοσι/πενήντα	ðèka/ikossi/pèninnda
Donnez-moi pour... drachmes d'essence.	Βάλτε μου βενζίνη γιά ... δραχμές.	valtè mou vènzini yia ...ðrakhmèss
Le plein, s.v.p.	Νά τό γεμίσετε, παρακαλῶ.	na to yèmissètè parakalo
Vérifiez l'huile et l'eau, s.v.p.	Ἐλέγξτε τό λάδι καί τό νερό, παρακαλῶ.	èlèngkstè to laði kè to nèro parakalo
Donnez-moi... litres d'huile.	Δῶστε μου ... λίτρα λάδι.	ðostè mou...litra laði
Mettez de l'eau distillée dans la batterie, s.v.p.	Γεμίστε τή μπαταρία μέ ἀποσταγμένο νερό.	yèmistè ti bataria mè apostagmèno nèro
Vérifiez le liquide des freins, s.v.p.	Ἐλέγξτε τό ὑγρό στά φρένα.	èlèngkstè to igro sta frèna
Pouvez-vous vérifier les pneus?	Μπορεῖτε νά ἐλέγξετε τά λάστιχα;	borìtè na èlèngksètè ta lastikha
La pression doit être de 1,6 à l'avant et de 1,8 à l'arrière.	Ἡ πίεση πρέπει νά εἶναι 1,6 ἐμπρός καί 1,8 πίσω.	i pièssi prèpi na inè 1 koma 6 èmbross kè 1 koma 8 pisso

Vérifiez aussi la roue de secours, s. v. p.	Ἐλέγξτε καί τή ρεζέρβα, παρακαλῶ.	èlèngkstè kè ti rèzèrva parakalo
Ce pneu est crevé. Pouvez-vous le réparer?	Τό λάστιχο ἔχει τρυπήσει. Μπορεῖτε νά τό διορθώσετε;	to lastikho èkhi tripissi. boritè na to diorθossètè
Pouvez-vous changer ce pneu?	Μπορεῖτε νά ἀλλάξετε αὐτό τό λάστιχο;	boritè na alaksètè afto to lastikho
Pouvez-vous nettoyer le pare-brise?	Μπορεῖτε νά καθαρίσετε τό πάρ-μπρίζ;	boritè na kaθarissètè to parbriz
Avez-vous une carte routière de la région?	Ἔχετε ἕνα ὁδικό χάρτη τῆς περιοχῆς;	èkhètè èna oδiko kharti tiss pèriokhiss
Où sont les toilettes?	Ποῦ εἶναι οἱ τουαλέττες;	pou inè i toualètèss

Comment demander son chemin?

Excusez-moi.	Μέ συγχωρεῖτε.	mè sinngkhoritè
Pouvez-vous m'indiquer la route de…?	Μπορεῖτε νά μοῦ δείξετε τό δρόμο γιά…;	boritè na mou δiksètè to δromo yia
Comment va-t-on à…?	Πῶς μπορῶ νά πάω στό…;	poss boro na pao sto
Où mène cette route?	Ποῦ ὁδηγεῖ αὐτός ὁ δρόμος;	pou oδiyi aftoss o δromoss
Pouvez-vous me montrer sur la carte où je suis?	Μπορεῖτε νά μοῦ δείξετε ποῦ εἶμαι σ'αὐτό τό χάρτη;	boritè na mou δiksètè pou imè safto to kharti
A quelle distance suis-je de…?	Πόσο μακρυά εἶναι … ἀπό ἐδῶ;	posso makria inè … apo èδo

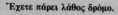

Ἔχετε πάρει λάθος δρόμο.	Vous n'êtes pas sur la bonne route.
Νά πᾶτε εὐθεία.	Continuez tout droit.
Εἶναι ἐκεῖ κάτω ἀριστερά (δεξιά).	C'est là-bas à gauche (à droite).
Νά πᾶτε ἀπό ἐδῶ.	Allez par là.
Νά πᾶτε στό πρῶτο (δεύτερο) σταυροδρόμι.	Allez jusqu'au premier (deuxième) carrefour.
Στρῖψε ἀριστερά (δεξιά) στά φανάρια.	Prenez à gauche (droite) au prochain feu.

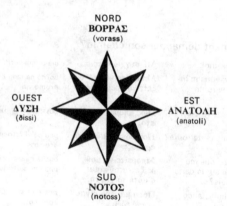

NORD
ΒΟΡΡΑΣ
(vorass)

OUEST
ΔΥΣΗ
(δissi)

EST
ΑΝΑΤΟΛΗ
(anatoli)

SUD
ΝΟΤΟΣ
(notoss)

VOITURE – RENSEIGNEMENTS

Le reste de ce chapitre est plus précisément consacré à la voiture elle-même. Nous l'avons divisé en deux parties:

La partie A contient des informations générales sur la circulation en Grèce. Elle vous servira essentiellement de référence, et nous vous recommandons de la consulter à l'avance.

La partie B vous donne des indications pratiques en cas d'accident ou de panne. Elle comprend une liste des pièces détachées et énumère les diverses causes de panne. Il vous suffit d'indiquer le terme approprié au mécanicien, lequel pointera à son tour la bonne réponse.

Partie A

Douane – Documents

Les documents suivants vous sont nécessaires:

- passeport
- assurance valide (si la carte verte n'est plus obligatoire au sein de la CEE, une couverture globale est recommandée)
- permis de circulation
- permis de conduire international

La plaque de nationalité est obligatoire.

Remarque: Le permis international est généralement requis pour les touristes arrivant en Grèce en voiture, mais le permis national est accepté pour les ressortissants de certains pays comme la Belgique et la Suisse.

Le triangle de panne, à placer sur la chaussée en cas d'accident, est obligatoire, ainsi que la ceinture de sécurité. Les motocyclistes, les scootéristes et leurs passagers doivent porter un casque.

Voici mon/ma...	Ὁρίστε...	oristè
carte verte	ἡ πράσινη κάρτα	i prassini karta
passeport	τό διαβατήριό μου	to diavatirio mou
permis de conduire	ἡ ἄδεια ὁδηγήσεως	i aðia oðiyissèoss
Je n'ai rien à déclarer.	Δέν ἔχω τίποτα νά δηλώσω.	ðèn èkho tipota na ðilosso
J'ai...	Ἔχω...	èkho
une cartouche de cigarettes	μία κούτα τσιγάρα	mia kouta tsigara
une bouteille de whisky	ἕνα μπουκάλι οὐΐσκυ	èna boukali ouiski
une bouteille de vin	ἕνα μπουκάλι κρασί	èna boukali krassi
Nous restons...	Θά μείνουμε...	θa minoumè
une semaine	μία ἑβδομάδα	mia èvðomaða
deux semaines	δύο ἑβδομάδες	ðio èvðomaðèss
un mois	ἕνα μήνα	èna mina

Routes

La Grèce utilise la signalisation routière internationale. Vous trouverez une liste de signaux avec inscriptions grecques à la page 148.

Vous pourrez acheter un guide routier en français auprès de l'Automobile et Touring Club de Grèce. Cette association dispense également des informations hôtelières et routières, et des conseils juridiques ; elle dispose d'un service de réservation et de vente de billets et pourra vous aider dans bien des situations difficiles.

Il y a peu d'autostrades en Grèce, mais les routes sont bonnes. Vous trouverez souvent des stations-service et, en cas de panne, vous pourrez appeler un service de réparation grâce aux téléphones de secours placés sur le bord de la chaussée.

Les principales autoroutes à péage relient Athènes à Corinthe et Patras d'une part, à Lamia et Salonique de l'autre. La vitesse maximale est de 100 km/h sur autoroute, de 80 km/h sur route et de 50 km/h dans les agglomérations. L'usage du klaxon est interdit dans le périmètre des villes.

Soyez prudent en Grèce : les voitures ne s'arrêtent que rarement pour laisser passer les piétons. Aux passages pour piétons, regardez de chaque côté avant de traverser.

Stationnement

Dans certains cas, le stationnement est autorisé sans feux de position, d'un côté ou de l'autre de la rue suivant la période du mois. Sinon, garez votre voiture sur la droite et évitez de la laisser pour la nuit sur un axe très fréquenté. La police pourrait bien vous l'enlever.

Dans la capitale, il est aussi difficile de trouver une place de stationnement que dans n'importe quelle métropole, mais le centre d'Athènes possède plusieurs parkings réservés aux voitures de tourisme.

Lorsque vous parquez, faites appel à votre bon sens. La police est bien sûr très compréhensive à l'égard des touristes, mais n'abusez pas de la situation. La police est en droit de vous dresser une contravention et de l'encaisser sur place.

Pardon. Puis-je garer ma voiture ici ?	Μέ συγχωρεῖτε. Μπορῶ νά σταθμεύσω ἐδῶ;	mè sinngkhoritè. boro na sta**θ**mèfso è**ð**o
Combien de temps puis-je stationner ici ?	Πόση ὥρα μπορῶ νά σταθμεύσω ἐδῶ;	possi ora boro na sta**θ**mèfso è**ð**o
Quelle est la taxe de stationnement ?	Πόσο κοστίζει ἡ στάθμευση ἐδῶ;	posso kostizi i sta**θ**mèfsi è**ð**o
Dois-je laisser mes feux de position ?	Πρέπει νά ἀφήσω τά φῶτα ἀναμμένα;	prèpi na afisso ta **fo**ta anamèna

Signaux de circulation grecs

Voici quelques-uns des signaux et panneaux de circulation que vous pourrez rencontrer en Grèce. Il serait bon que vous les étudiez à l'avance car vous ne pourrez plus les déchiffrer tout en roulant!

ΑΔΙΕΞΟΔΟΣ	Sans issue
ΑΛΤ	Stop
ΑΝΩΜΑΛΙΑ ΟΔΟΣΤΡΩΜΑΤΟΣ	Chaussée déformée
ΑΠΑΓΟΡΕΥΕΤΑΙ Η ΑΝΑΜΟΝΗ	Arrêt interdit
ΑΠΑΓΟΡΕΥΕΤΑΙ Η ΕΙΣΟΔΟΣ	Entrée interdite
ΑΠΑΓΟΡΕΥΕΤΑΙ Η ΣΤΑΘΜΕΥΣΗ	Stationnement interdit
ΑΠΑΓΟΡΕΥΕΤΑΙ ΤΟ ΠΡΟΣΠΕΡΑΣΜΑ	Dépassement interdit
ΔΙΑΒΑΣΙΣ ΠΕΖΩΝ	Passage pour piétons
ΕΛΑΤΤΩΣΑΤΕ ΤΑΧΥΤΗΤΑ	Ralentir
ΕΛΕΥΘΕΡΗ ΚΥΚΛΟΦΟΡΙΑ	Réservé aux véhicules
ΕΠΙΚΙΝΔΥΝΟΣ ΚΑΤΩΦΕΡΕΙΑ	Virage dangereux
ΕΡΓΑ ΕΠΙ ΤΗΣ ΟΔΟΥ	Travaux sur la chaussée
ΚΙΝΔΥΝΟΣ	Danger
ΚΥΚΛΟΦΟΡΙΑ ΕΞ ΑΝΤΙΘΕΤΟΥ ΚΑΤΕΥΘΥΝΣΕΩΣ	Trafic dans les deux sens
ΚΥΚΛΟΦΟΡΙΑ ΕΠΙ ΜΙΑΣ ΛΩΡΙΔΟΣ	Trafic sur une seule voie
ΜΟΝΟΔΡΟΜΟΣ	Sens unique
ΟΛΙΣΘΗΡΟΝ ΟΔΟΣΤΡΩΜΑ	Chaussée glissante
ΠΑΡΑΚΑΜΠΤΗΡΙΟΣ	Détournement
ΠΟΔΗΛΑΤΕΣ	Cyclistes
ΠΟΡΕΙΑ ΥΠΟΧΡΕΩΤΙΚΗ ΔΕΞΙΑ	Serrez à droite
ΠΡΟΣΟΧΗ ΠΕΖΟΙ	Attention aux piétons
ΠΡΟΣΟΧΗ ΠΟΔΗΛΑΤΕΣ	Attention aux cyclistes
ΣΤΑΣΗ ΛΕΩΦΟΡΕΙΟΥ	Arrêt de bus
ΣΤΕΝΩΜΑ ΟΔΟΣΤΡΩΜΑΤΟΣ	Rétrécissement
ΤΕΛΟΣ ΑΠΑΓΟΡΕΥΜΕΝΗΣ ΖΩΝΗΣ	Fin d'interdiction
ΥΨΟΣ ΠΕΡΙΟΡΙΣΜΕΝΟ	Hauteur limitée

SIGNAUX ROUTIERS, voir également pages 160–161

Partie B

Accidents

Cette partie est consacrée aux premiers secours. Les questions juridiques (responsabilité, arrangement) pourront être envisagées ultérieurement.

Vos premières préoccupations seront pour les blessés.

Y a-t-il des blessés?	**Τραυματίστηκε κανείς;**	travmatistikè kaniss
Ne bougez pas.	**Μή κουνιέστε.**	mi kounièstè
Tout va bien. Ne vous inquiétez pas.	**Όλα εἶναι ἐντάξει. Μήν ἀνησυχεῖτε.**	ola inè èndaksi. minn anissikhitè
Où est le téléphone le plus proche?	**Ποῦ εἶναι τό κοντινότερο τηλέφωνο;**	pou inè to konndinotèro tilèfono
Puis-je utiliser votre téléphone? Il s'est produit un accident.	**Μπορῶ νά χρησιμοποιήσω τό τηλέφωνό σας; Έγινε ἕνα δυστύχημα.**	boro na khrissimopïïsso to tilèfono sass? èyinè èna ðistikhima
Vite, appelez un médecin/une ambulance.	**Καλέστε ἕνα γιατρό/ ἕνα ἀσθενοφόρο, γρήγορα.**	kalèstè èna yiatro/èna asthènoforo grigora
Il y a des blessés.	**Ὑπάρχουν τραυματίες.**	iparkhoun travmatièss
Aidez-moi à les dégager de la voiture.	**Βοηθῆστε με νά τούς βγάλω ἀπό τό αὐτοκίνητο.**	voïthistè mè na touss vgalo apo to aftokinito

Police – Echange d'informations

Appelez la police, s'il vous plaît.	**Παρακαλῶ, καλέστε τήν ἀστυνομία.**	parakalo kalèstè tinn astinomia
Un accident a eu lieu.	**Έγινε ἕνα δυστύχημα.**	èyinè èna ðistikhima
C'est à environ 2 km. de...	**Περίπου 2 χιλιόμετρα ἀπό τό...**	pèripou 2 khiliomètra apo to

Je suis sur la route Athènes–Corinthe, à 25 km. de Corinthe.	Εἶμαι στήν ὁδό Ἀθηνῶν-Κορίνθου, 25 χιλιόμετρα ἀπό τήν Κόρινθο.	imè stinn oðo aθinonn-korinnθou 25 khiliomètra apo tinn korinnθo
Voici mon nom et mon adresse.	Ὁρίστε τό ὄνομα καί ἡ διεύθυνσή μου.	oristè to onoma kè i dièfθinnsi mou
Voulez-vous vous porter témoin ?	Θά θέλατε νά παρουσιαστεῖτε σάν μάρτυρας;	θa θèlatè na paroussiastitè sann martirass
J'aimerais un interprète.	Θά ἤθελα ἕνα διερμηνέα.	θa iθèla èna dièrminèa

Pensez à mettre en place le triangle rouge si le véhicule est hors d'usage ou gêne le trafic.

Panne

Nous traiterons cette rubrique en quatre points.

1. *Sur la route*
   Vous demandez où est le garage le plus proche.

2. *Au garage*
   Vous expliquez au mécanicien ce qui ne marche pas.

3. *Raison de la panne*
   Il vous indique la défectuosité.

4. *La réparation*
   Vous lui demandez de réparer la voiture, après quoi vous réglez la facture (ou vous en discutez le montant).

1. Sur la route

Où est le garage le plus proche ?	Ποῦ εἶναι τό κοντινότερο γκαράζ;	pou inè to konndinotèro gharaz
Pardon. Ma voiture est tombée en panne. Puis-je me servir de votre téléphone ?	Μέ συγχωρεῖτε. Τό αὐτοκίνητό μου ἔχει μία βλάβη. Μπορῶ νά χρησιμοποιήσω τό τηλέφωνό σας;	mè sinngkhoritè. to aftokinito mou èkhi mia vlavi. boro na khrissimopiïsso to tilèfono sass

Quel est le numéro de téléphone du garage le plus proche?	Ποιό εἶναι τό τηλέφωνο τοῦ κοντινότερου γκαράζ;	pio inè to tilèfono tou konndinotèrou gharaz
Je suis tombé en panne à...	Ἔπαθα μία βλάβη στό...	èpatha mia vlavi sto
Nous sommes sur l'autoroute Athènes–Lamia, à environ 10 km. de Lamia.	Εἴμαστε στήν ἐθνική ὁδό Ἀθηνῶν-Λαμίας περίπου 10 χιλιόμετρα ἀπό τή Λαμία.	imastè stinn èthniki oðo aθinonn-lamiass pèripou 10 khiliomètra apo ti lamia
Pouvez-vous m'envoyer un mécanicien?	Μπορεῖτε νά στείλετε ἔνα μηχανικό;	borite na stilètè èna mikhaniko
Pouvez-vous m'envoyer une dépanneuse?	Μπορεῖτε νά στείλετε ἔνα γερανό γιά τό αὐτοκίνητό μου;	borite na stilètè èna yèrano yia to aftokinito mou
Dans combien de temps arriverez-vous?	Πόση ὥρα θά κάνετε;	possi ora θa kanètè

2. Au garage

Pouvez-vous m'aider?	Μπορεῖτε νά μέ βοηθήσετε;	borite na mè voïθissètè
Je ne sais pas ce qui ne fonctionne pas.	Δέν ξέρω τί ἔχει.	ðèn ksèro ti èkhi
Je crois que c'est... qui ne marche pas.	Νομίζω ὅτι ἔχει/ἔχουν κάτι...	nomizo oti èkhi/èkhoun kati
allumage	τό σύστημα ἀνάφλεξης	to sistima anaflèksiss
ampoules	οἱ λάμπες	i lammbèss
avertisseur	τό κλάξον	to klaksonn
batterie	ἡ μπαταρία	i bataria
bougies	τά μπουζί	ta bouzi
cataphotes	οἱ ἀντανακλαστῆρες	i anndanaklastirèss
contact	ἡ μίζα	i miza
démarreur	ἡ μηχανή ἐκκίνησης	i mikhani èkinississ
direction	τό τιμόνι	to timoni
dynamo	τό δυναμό	to ðinamo
embrayage	ὁ συμπλέκτης	o simmblèktiss
essuie-glaces	οἱ καθαριστῆρες	i kaθaristirèss

feux	τά φῶτα	ta fota
témoin des freins	τό φῶς τῶν φρένων	to foss tonn frènonn
feux de recul	τό φῶς τῆς ὄπισθεν	to foss tiss opisthèn
feux arrière	τά φῶτα πορείας	ta fota poriass
freins	τά φρένα	ta frèna
frein à main	τό χειρόφρενο	to khirofrèno
indicateur de direction	τό τόξο	to tokso
moteur	ἡ μηχανή	i mikhani
pédale	τό πεντάλ	to pèdal
phare	οἱ φάροι	i fari
commutateur phare-code	ὁ ρυθμιστής τῶν φώτων	o rithmistiss tonn fotonn
roues	οἱ τροχοί	i trokhi
suspension	ἡ συσπανσιόν	i sispannsionn
système électrique	τό ἠλεκτρικό σύστημα	to ilèktriko sistima
système de lubrification	τό σύστημα λίπανσης	to sistima lipannsiss
système de refroidissement	τό σύστημα ψύξης	to sistima psiksiss
transmission	ἡ μετάδοση	i mètadossi
vitesses	οἱ ταχύτητες	i takhititèss

GAUCHE	DROITE	AVANT	ARRIÈRE
ΑΡΙΣΤΕΡΑ	ΔΕΞΙΑ	ΕΜΠΡΟΣ	ΠΙΣΩ
(aristèra)	(dèksia)	(èmbross)	(pisso)

Il/Elle...

est bloqué	Εἶναι μπλεγμένο.	inè blègmèno
fait du bruit	Κάνει θόρυβο.	kani θorivo
est brûlé	Εἶναι καμένο.	inè kamèno
est cassé	Εἶναι σπασμένο.	inè spazmèno
chauffe	Ὑπερθερμαίνεται.	ipèrθèrmènètè
cogne	Κλωτσάει.	klotsaï
est coincé	Εἶναι κολλημένο.	inè kolimèno
a un court-circuit	Ἔχει βραχυκύκλωμα.	èkhi vrakhikikloma
a crevé	Ἔχει σκάσει.	èkhi skassi
est débranché	Ἔχει ἀποσυνδεθεῖ	èkhi apossindèθi
se dégonfle	Χάνει ἀέρα.	khani aèra
est défectueux	Εἶναι ἐλαττωματικό.	inè èlatomatiko

est dévissé	Εἶναι χαλαρό.	inè khalaro
est fêlé	Εἶναι ραγισμένο.	inè rayizmèno
ne fonctionne pas	Δέν ἐργάζεται.	dèn èrgazètè
a une fuite	Στάζει.	stazi
est en mauvais état	Εἶναι ἄσχημο.	inè askhimo
est faible	Εἶναι ἀδύνατο.	inè adinato
est gelé	Εἶναι παγωμένο.	inè pagomèno
a du jeu	Εἶναι χαλαρό.	inè khalaro
patine	Γλυστράει.	glistrai
est à sec	Εἶναι στεγνό.	inè stègno
est usé	Εἶναι φθαρμένο.	inè ftharmèno
vibre	Τρέμει.	trèmi
La voiture ne veut pas partir.	Τό αὐτοκίνητο δέν ξεκινάει.	to aftokinito dèn ksèkinai
Elle est fermée et la clé est à l'intérieur.	Εἶναι κλειδωμένο καί τά κλειδιά εἶναι μέσα.	inè kliðomèno kè ta klidia inè mèssa
La courroie du ventilateur est trop lâche.	Ὁ ἱμάντας τοῦ ἀνεμιστήρα εἶναι πολύ χαλαρός.	o imaðass tou anèmistira inè poli khalaross
Le radiateur fuit.	Τό ψυγεῖο στάζει.	to psiyio stazi
Le ralenti a besoin d'un réglage.	Τό ραλεντί πρέπει νά ρυθμιστεῖ.	to ralèndi prèpi na riðmisti
L'embrayage s'enclenche trop vite.	Ὁ συμπλέκτης πιάνει πολύ γρήγορα.	o simmblèktiss piani poli grigora
Le volant vibre.	Τό τιμόνι τρέμει.	to timoni trèmi
Les essuie-glaces ne fonctionnent pas correctement.	Οἱ ὑαλοκαθαριστῆρες δέν λειτουργοῦν κανονικά.	i ialokaθaristirèss dèn litourgoun kanonika
La suspension est faible.	Ἡ συσπανσιόν εἶναι ἐλαττωματική.	i sispannsionn inè èlatomatiki
La pédale a besoin d'un réglage.	Τό πεντάλ πρέπει νά ρυθμιστεῖ.	to pèdal prèpi na riðmisti

Vous venez d'expliquer ce qui ne va pas. Il faut maintenant vous informer de la durée de la réparation, afin de prendre vos dispositions en conséquence.

Combien de temps va prendre la réparation?	Πόσος καιρός θά χρειαστεῖ γιά νά διορθωθεῖ;	possoss kèross θa khriasti yia na ðiorθoθi

Combien de temps vous faut-il pour trouver ce qui ne va pas?	Πόσος καιρός χρειάζεται γιά νά βρεῖτε τί βλάβη ὑπάρχει;	possoss kèross khriazètè yia na vritè ti vlavi iparkhi
Puis-je revenir dans une demi-heure (demain)?	Νά ἐπιστρέψω σέ μισή ὥρα (αὔριο);	na èpistrèpso sè missi ora (avrio)
Pouvez-vous me conduire en ville?	Μπορεῖτε νά μέ πᾶτε στή πόλη;	boritè na mè patè sti poli
Y a-t-il un endroit près d'ici où l'on peut loger?	Ὑπάρχει ἕνα μέρος νά μείνω ἐδῶ κοντά;	iparkhi èna mèross na mino èdo konnda
Puis-je me servir de votre téléphone?	Μπορῶ νά χρησιμοποιήσω τό τηλέφωνό σας;	boro na khrissimopïïsso to tilèfono sass

3. Cause de la panne

C'est maintenant au mécanicien de localiser la panne et d'y remédier. Quant à vous, montrez-lui le texte grec qui suit.

Παρακαλῶ, κυττάξτε τόν ἐπόμενο ἀλφαβητικό κατάλογο καί δεῖξτε τό ἐλαττωματικό ἀντικείμενο. Ἄν ὁ πελάτης σας θέλει νά μάθει τί βλάβη ἔχει, διαλέξτε τό κατάλληλο ὅρο ἀπό τόν ἐπόμενο κατάλογο (εἶναι σπασμένο, ἔχει βραχυκυκλωθεῖ κλπ).*

ἀγωγοί τοῦ διανομέα	câbles du distributeur
ἀγωγοί τῶν μπουζί	câbles des bougies
ἀκρόμπαρες	rotules de direction
ἀμορτισέρ	amortisseur
ἀνεμιστήρας	ventilateur
ἀντλία	pompe
ἀντλία βενζίνης	pompe à essence
ἀντλία ἰντζέξιον	pompe à injection
ἀντλία νεροῦ	pompe à eau

* Prière de parcourir la liste ci-dessous et d'y indiquer la pièce défectueuse. Si votre client veut connaître la nature de la panne, pointez dans la deuxième liste le terme adéquat (abîmé, court-circuité, etc.).

ἄξονας	arbre
ἄξων διεύθυνσης	arbre de direction
αὐτόματη μετάδοση	transmission automatique
βαλβίδα	soupape
γρανάζι ταχύτητας	vitesse
γράσσο	graisse
δακτυλίδια	segments
δακτυλίδια ἐμβόλου	segments du piston
διανομέας	distributeur
διάφραγμα	membrane
δίσκος συμπλέκτη	disque d'embrayage
δοχεῖο λαδιοῦ	carter
δόντια	dents
δυναμό	dynamo
ἕδρανο	palier
ἐκκεντροφόρος ἄξονας	arbre à cames
ἐλατήρια	ressorts
ἐλατήρια πίεσης	ressorts de pression
ἐλατήριο βαλβίδας	ressort de la soupape
ἔμβολο	piston
ἡλεκτρικό σύστημα	système électrique
θερμοστάτης	thermostat
ἱμάντας τοῦ ἀνεμιστήρα	courroie du ventilateur
κάλυμμα κυλίνδρου	joint de culasse
καλώδιο	câble
καρμπυρατέρ	carburateur
κεφαλή κυλίνδρου	culasse
κιβώτιο διεύθυνσης	boîte de direction
κιβώτιο ταχυτήτων	boîte à vitesses
κουζινέτο	coussinet
κύλινδρος	cylindre
κυψέλες τῆς μπαταρίας	éléments de la batterie
λινά	garniture
μετάδοση	transmission
μεταλλικές βέργες	tiges
μηχανή	moteur
μίζα	contact
μπάρες	culbuteurs
μπαταρία	batterie
μπουζί	bougies
ντίζες	tiges
ὀδοντωτά γρανάζια	crémaillère
πεντάλ τοῦ συμπλέκτη	pédale de débrayage
πιστόνι	piston
πλατῖνες	vis platinées
ρουλεμάν	paliers principaux

ρυθμιστής τῶν φώτων	commutateur phare-code
σιαγόνες τῶν φρένων	mâchoires
σταθεροποιητής	stabilisateur
στάρτερ	démarreur
στροφαλοφόρος ἄξονας	vilebrequin
συμπλέκτης	embrayage
σύνδεση	connexion
συσπανσιόν	suspension
σύστημα ἀνάφλεξης	bobine d'allumage
σύστημα ψύξης	système de refroidissement
σῶμα τῆς μηχανῆς	bloc
τιμόνι	direction
τροχοί	roues
τσόκ	induit de démarreur
τύμπανο τοῦ φρένου	tambour de frein
ὑγρό τῆς μπαταρίας	liquide de la batterie
φίλτρο	filtre
φίλτρο ἀέρος	filtre à air
φίλτρο βενζίνης	filtre à essence
φίλτρο λαδιοῦ	filtre à huile
φλάντζα	joint
φλοτέρ	flotteur
φρένο	frein
ψυγεῖο	radiateur
ψύκτρες	balais

Ὁ ἐπόμενος κατάλογος περιλαμβάνει τί εἶναι χαλασμένο ἤ τί χρειάζεται νά γίνει μέ τό αὐτοκίνητο.*

ἀδύνατο	faible
ἀκονίζω	à roder
ἀλλάζω	à changer
ἀντικαθιστῶ	à remplacer
ἀποσυνδεθεῖ	débranché
βραχυκύκλωμα	court-circuité
γλυστράει	patine
γρήγορο	rapide
διαφεύγω	à purger
ἐλαττωματικό	défectueux
ἐπενδύω	à regarnir

* La liste suivante contient des termes désignant la cause de la panne et le moyen de la réparer.

ἔχει διαβρωθεῖ	rongé
ἰσορροπῶ	à équilibrer
καθαρίζω	à nettoyer
καμένο	brûlé
κλωτσάει	cogne
κολλημένο	coincé
κοντό	court
λερωμένο	encrassé
μπλεγμένο	bloqué
ντεμοντάρω	à démonter
παγωμένο	gelé
παίζω	a du jeu
προσαρμόζω	à régler
ραγισμένο	fêlé
σκασμένο	sauté
σπασμένο	cassé
στάζει	a une fuite
στεγνό	à sec
στραβό	tordu
σφίγγω	à resserer
τρέμει	vibre
τρύπα	crevaison
ὑπερθερμαίνεται	chauffe trop
φορτίζω	à charger
φθαρμένο	usé
χαλαρό	détendu
χαλαρό	trop lâche
χαλαρώνω	à détendre
χαμηλό	bas
χάνει ἀέρα	se dégonfle
ψηλό	haut

4. Réparation

Avez-vous trouvé la défectuosité ?	Βρήκατε τή βλάβη;	vrikatè ti vlavi

A présent, vous avez une idée plus ou moins précise sur la cause de la panne. Mais vous désirez d'autre précisions...

Est-ce grave ?	Εἶναι σοβαρή;	inè sovari
Pouvez-vous le réparer ?	Μπορεῖτε νά τή διορθώσετε;	boritè na ti δiorθossètè

Pouvez-vous le faire maintenant?	Μπορεῖτε νά τό κάνετε τώρα;	boritè na to kanètè tora
Combien cela va-t-il coûter?	Πόσο θά κοστίσει;	posso θa kostissi
Avez-vous les pièces nécessaires?	Ἔχετε τά ἀναγκαῖα ἀνταλλακτικά;	èkhètè ta ananngghèa anndalaktika

Si le mécanicien dit «non»?

Pourquoi ne pouvez-vous pas le réparer?	Γιατί δέν μπορεῖτε νά τή διορθώσετε;	yiati ðèn boritè na ti ðiorθossètè
Cette pièce est-elle indispensable?	Εἶναι ἀπαραίτητο αὐτό τό ἐξάρτημα;	inè aparètito afto to èksartima
Combien de temps vous faut-il pour vous procurer les pièces de rechange?	Σέ πόσο καιρό θά ἔχετε τά ἀνταλλακτικά;	sè posso kèro θa èkhètè ta anndalaktika
Où est le garage le plus proche qui puisse me le réparer?	Ποῦ εἶναι τό κοντινότερο γκαράζ πού μπορεῖ νά τήν ἐπιδιορθώσει;	pou inè to konndinotèro gharaz pou bori na tinn èpiðiorθossi
Pouvez-vous me faire une réparation provisoire qui me permette d'aller jusqu'à...?	Καλά, μπορεῖτε νά τή φτιάξετε γιά νά πάω μέχρι τό...;	kala boritè na ti ftiaksètè yia na pao mèkhri to

Si vous ne pouvez plus rouler, demandez si vous pouvez laisser la voiture au garage. Prenez contact avec une association automobile ou louez une autre voiture.

| Puis-je laisser ma voiture quelques jours ici? | Μπορῶ νά ἀφήσω τό αὐτοκίνητο ἐδῶ γιά μερικές ἡμέρες; | boro na afisso to aftokinito èðo yia mèrikèss imèrèss |

La facture

| Tout est-il en ordre? | Εἶναι ὅλα ἐντάξει; | inè ola èndaksi |
| Combien vous dois-je? | Πόσο σᾶς ὀφείλω; | posso sass ofilo |

VOITURE – RÉPARATIONS

Le garagiste vous présente alors la facture. Si vous êtes satisfait...

Acceptez-vous les chèques de voyage?	Δέχεστε τράβελερς τσέκ;	dèkhèstè travèlèrss tsèk
Merci beaucoup pour votre aide.	Σᾶς εὐχαριστῶ πάρα πολύ γιά τή βοήθειά σας.	sass èfkharisto para poli yia ti voïθia sass

Si vous avez l'impression que le travail n'a pas été fait correctement ou que le montant est trop élevé, demandez une facture détaillée. Faites-la éventuellement traduire si cela s'avère nécessaire.

J'aimerais d'abord contrôler la facture. Voulez-vous m'en indiquer le détail?	Θά ἤθελα νά ἐλέγξω τό λογαριασμό πρῶτα. Θά μοῦ πεῖτε ἀναλυτικά τί δουλειά κάνατε;	θa iθèla na èlèngkso to logariazmo prota. θa mou pitè analitika ti doulia kanatè

Si le garagiste ne veut pas admettre son tort alors que vous êtes sûr de votre bon droit, demandez l'assistance d'un expert.

Panneaux de signalisation européens

Voici un choix de signaux routiers spécifiques à quelques pays d'Europe que vous aurez peut-être l'occasion de traverser :

 A part les deux panneaux présentés ici, la signalisation routière en URSS est conforme aux signaux internationaux. Cependant la couleur de fond n'est pas blanche, mais jaune.

Stop
Cédez le passage

Fin de limitation

Fin de l'interdiction
de dépasser

Intersection

Virage
dangereux

Limitation
de vitesse

Danger

Rive

Sens unique

Stop
Cédez le passage

Chutes de pierres

Fin de zone à
stationnement
limité

Route sans priorité
(rouge) rejoint une
route prioritaire

Place
d'évitement

S

Place d'évitement | Fin de zone de stationnement | Vitesse minimale | Fin de l'interdiction de parquer

DK

Sens unique | Contourner à gauche ou à droite | Changement de voie | Voie lente

SF

Place d'évitement | Sens giratoire | Sens obligatoire | Curiosité

A

Indicateur de localité | Seulement pour véhicules à moteur | Route principale avec priorité | Route principale sans priorité

PL

Route principale avec priorité | Fin de limitation | Fin de l'interdiction de tourner | Cul-de-sac

KONIEC

Ensrettet

Bregenz

Médecin

Soyons francs : à quoi peut bien vous servir un guide en cas de blessure ou de maladie grave ? La seule phrase à connaître par cœur est alors...

| Vite, un médecin ! | Καλέστε ἕνα γιατρό – γρήγορα! | kalèstè èna yiatro – grigora |

Pourtant, il y a des maux, des douleurs, des malaises et des troubles bénins qui peuvent bouleverser le voyage le mieux organisé. Dans ces cas, nous pouvons vous être utile, à vous et peut être aussi au médecin.

Il arrive que ce dernier parle français, ou qu'il en sache assez pour vos besoins. Mais supposons que des problèmes de langue l'empêchent de vous donner une explication. Nous y avons pensé. Comme vous le constaterez, ce chapitre a été conçu de façon à établir le dialogue entre le médecin et vous. Aux pages 165 à 171, ce que vous aurez à dire figure dans la partie supérieure de la page ; le médecin utilisera la partie inférieure.

Le chapitre est divisé en trois parties : la maladie, les blessures, la tension nerveuse. A la page 171, nous traiterons des ordonnances et des honoraires.

Généralités

J'ai besoin d'un médecin, vite.	Χρειάζομαι ἕνα γιατρό γρήγορα.	khriazomè èna yiatro grigora
Pouvez-vous appeler un médecin ?	Μπορεῖτε νά μοῦ/μᾶς βρεῖτε ἕνα γιατρό;	borìtè na mou/mass vrìtè èna yiatro
Y a-t-il un médecin à l'hôtel/dans la maison ?	Ὑπάρχει γιατρός στό ξενοδοχεῖο/σπίτι;	iparkhi yiatross sto ksènoδokhio/spiti
Téléphonez immédiatement à un médecin, s'il vous plaît.	Παρακαλῶ, τηλεφωνῆστε σ'ἕνα γιατρό, ἀμέσως.	parakalo tilèfonistè s' èna yiatro amèssoss

Où y a-t-il un médecin qui parle français ?	Ποῦ θά βρῶ ἕνα γιατρό ποῦ νά μιλάει Γαλλικά;	pou θa vro èna yiatro pou na milai galika
Où est le cabinet du médecin ?	Ποῦ εἶναι τό γιατρεῖο;	pou inè to yiatrio
Quelles sont les heures de consultation ?	Ποιές ειναι οἱ ὥρες ἐπισκέψεων;	pièss inè i orèss èpiskèpsèonn
Le médecin peut-il venir me voir à domicile ?	Θά μπορούσε ὁ γιατρός νά ἔλθει νά μέ δεῖ ἐδῶ;	θa borousè o yiatross na èlθi na mè ði èðo
A quelle heure le médecin peut-il venir ?	Τί ὥρα μπορεῖ νά ἔλθεῖ ὁ γιατρός;	ti ora bori na èlθi o yiatross

Symptômes

Ce chapitre doit vous permettre d'exposer au médecin ce qui ne va pas. Ce qu'il voudra savoir, c'est:

Ce que vous avez? (maux, douleurs, contusions, etc.).
Où vous avez mal? (au bras, à l'estomac, etc.).
Depuis combien de temps?

Avant de consulter le médecin, cherchez les réponses à ces questions en parcourant les pages suivantes. Ainsi, vous gagnerez du temps.

Parties du corps

amygdales	οἱ ἀμυγδαλές	i amigðalèss
appendice	ἡ σκωληκοειδής ἀπόφυση	i skolikoïðiss apofissi
artère	ἡ ἀρτηρία	i artiria
articulation	ἡ ἄρθρωση	i arθrossi
bouche	τό στόμα	to stoma
bras	τό χέρι	to khèri
cheveux	τά μαλλιά	ta malia
cheville	ὁ ἀστράγαλος	o astragaloss
clavicule	ἡ κλείδα	i kliða
cœur	ἡ καρδιά	i karðia
colonne vertébrale	ἡ σπονδυλική στήλη	i sponnðiliki stili
côte	τό πλευρό	to plèvro

cou	ὁ σβέρκος	o zvèrkoss
coude	ὁ ἀγκώνας	o anngghonass
doigt	τό δάκτυλο	to ðaktilo
dos	ἡ πλάτη	i plati
épaule	ὁ ὦμος	o omoss
estomac	τό στομάχι	to stomakhi
foie	τό συκώτι	to sikoti
front	τό μέτωπο	to mètopo
genou	τό γόνατο	to gonato
glande	ὁ ἀδένας	o aðènass
gorge	ὁ λαιμός	o lèmoss
hanche	ὁ γοφος	o gofoss
intestins	τά ἔντερα	ta èndèra
jambe	τό πόδι	to poði
joue	τό μάγουλο	to magoulo
langue	ἡ γλῶσσα	i glossa
lèvre	τό χεῖλος	to khiloss
mâchoire	τό σαγόνι	to sagoni
main	τό χέρι	to khèri
menton	τό πηγούνι	to pigouni
muscle	ὁ μῦς	o miss
nerf	τό νεῦρο	to nèvro
nez	ἡ μύτη	i miti
œil	τό μάτι	to mati
oreille	τό αὐτί	to afti
orteil	τό δάκτυλο τοῦ ποδιοῦ	to ðaktilo tou poðiou
os	τό κόκκαλο	to kokalo
peau	τό δέρμα	to ðèrma
pied	τό πόδι	to poði
poignet	ὁ καρπός	o karposs
poitrine	τό στῆθος	to stiθoss
pouce	ὁ ἀντίχειρας	o anndikhirass
poumon	ὁ πνεύμονας	o pnèvmonnass
rein	τό νεφρό	to nèfro
rotule	ἡ ἐπιγονατίδα	i èpigonatiða
sang	τό αἷμα	to èma
système nerveux	τό νευρικό σύστημα	to nèvriko sistima
talon	ἡ φτέρνα	i ftèrna
tendon	ὁ τένοντας	o tènonndass
tête	τό κεφάλι	to kèfali
thorax	ὁ θώρακας	o θorakass
urine	τά οὖρα	ta oura
veine	ἡ φλέβα	i flèva
vessie	ἡ οὐροδόχος κύστη	i ouroðokhoss kisti
visage	τό πρόσωπο	to prossopo
yeux	τά μάτια	ta matia

PATIENT

1. Maladie

Je ne me sens pas bien.	Δέν αἰσθάνομαι καλά.	ðèn èsθanomè kala
Je suis malade.	Εἶμαι ἄρρωστος.	imè arostoss
J'ai une douleur ici.	Ἔχω ἕνα πόνο ἐδῶ.	èkho èna pono èðo
Son/Sa... lui fait mal.	Πονάει του/της ...	ponai tou/tiss ...
J'ai...	Ἔχω...	èkho
maux de tête	πονοκέφαλο	ponokèfalo
mal dans le dos	πόνο στή πλάτη	pono sti plati
de la fièvre	πυρετό	pirèto
mal à la gorge	πονόλαιμο	ponolèmo
Je suis constipé.	Εἶμαι δυσκοίλιος.	imè ðiskilioss
J'ai vomi.	Ἔκανα ἐμετό.	èkana èmèto

MÉDECIN

Μέρος 1 – Ἀρρώστεια

Τί ἔχετε;	Qu'est-ce qui ne va pas?
Ποῦ σᾶς πονάει;	Où avez-vous mal?
Πόσο καιρό ἔχετε αὐτό τό πόνο;	Depuis combien de temps éprouvez-vous cette douleur?
Πόσο καιρό αἰσθάνεστε ἔτσι;	Depuis combien de temps vous sentez-vous ainsi?
Σηκῶστε τό μανίκι σας.	Relevez votre manche.
Παρακαλῶ, γδυθεῖτε (μέχρι τή μέση).	Déshabillez-vous (jusqu'à la taille), je vous prie.
Παρακαλῶ, βγᾶλτε τό παντελόνι καί τό σώβρακό σας.	Enlevez votre pantalon et vos slips, je vous prie.

PATIENT

Je me sens mal/ indisposé.	Αἰσθάνομαι ἄρρωστος/ ἀδιάθετος.	èsθanomè arostoss/ aδiaθètoss
J'ai des étourdissements.	Ἔχω λιποθυμία.	èkho lipoθimia
La tête me tourne.	Ἔχω ζάλες.	èkho zalèss
J'ai des nausées/ des frissons.	Ἔχω ναυτία/ρίγη.	èkho naftia/riyi
J'ai/Il/Elle a...	Ἔχω/Ἔχει/Ἔχει...	èkho/èkhi/èkhi
abcès	ἕνα ἀπόστημα	èna apostima
amygdalite	ἀμυγδαλίτιδα	amiγδalitiδa
asthme	ἄσθμα	asθma
constipation	δυσκοιλιότητα	δiskiliotita
convulsions	σπασμούς	spazmouss
coqueluche	κοκκύτη	kokiti
coup de soleil	ἔγκαυμα ἀπό τόν ἥλιο	ènghavma apo tonn ilio
crampes	κράμπες	krammbèss
diarrhée	διάρροια	δiaria
fièvre	πυρετό	pirèto
frissons	ρίγη	riyi

MÉDECIN

Παρακαλῶ, ξαπλῶστε ἐκεῖ.	Etendez-vous ici, s.v.p.
Ἀνοῖξτε τό στόμα σας.	Ouvrez la bouche.
Ἀναπνέετε βαθειά.	Respirez profondément.
Βῆξτε, παρακαλῶ.	Toussez, s'il vous plaît.
Θά σᾶς πάρω τή θερμοκρασία.	Je vais prendre votre température.
Θά σᾶς μετρήσω τή πίεση.	Je vais prendre votre tension.
Εἶναι ἡ πρώτη φορά πού τό ἔχετε αὐτό;	Est-ce la première fois que vous en souffrez ?
Θά σᾶς κάνω μία ἔνεση.	Je vais vous faire une injection.
Θέλω ἕνα δεῖγμα τῶν οὔρων/κοπράνων σας.	J'aimerais un prélèvement d'urine/de selles.

PATIENT

furoncle	ἕνα σπυρί	èna spiri
grippe	γρίππη	gripi
hémorroïdes	αἱμορροῖδες	émoroïdèss
hernie	κήλη	kili
indigestion	δυσπεψία	dispèpsia
inflammation de...	φλεγμονή τοῦ...	flègmoni tou
insolation	ἡλίαση	iliassi
nausées matinales	τάση γιά ἐμετό τό πρωΐ	tassi yia èmèto to proï
refroidissement	ἕνα κρύωμα	èna krioma
rhumatisme	ρευματισμούς	rèvmatizmouss
rhume des foins	ἀλλεργικό συνάχι	alèryiko sinakhi
torticolis	νευροκαβαλίκεμα	nèvrokavalikèma
ulcère	ἕλκος	èlkoss
J'espère que ce n'est pas grave.	Ἐλπίζω ὅτι δέν εἶναι κάτι σοβαρό.	èlpizo oti dèn inè kati sovaro
J'aimerais que vous me prescriviez un médicament.	Θά ἤθελα νά μοῦ δώσετε ἕνα φάρμακο.	θa iθèla na mou dossètè èna farmako

---

MÉDECIN

Δέν ὑπάρχει λόγος νά ἀνησυχεῖτε.	Ce n'est rien.
Πρέπει νά μείνετε στό κρεββάτι γιά ... ἡμέρες.	Il vous faut garder le lit ... jours.
Ἔχετε...	Vous avez...
ἕνα κρύωμα/γρίππη τροφική δηλητηρίαση/ πνευμονία	rhume/grippe intoxication alimentaire/pneumonie
ἀρθριτικά/μία φλεγμονή τοῦ...	arthrite/inflammation de...
Ἔχετε ὑπερκόπωση. Χρειάζεστε ἀνάπαυση.	Vous êtes surmené. Vous avez besoin de repos.
Θά ἤθελα νά δεῖτε ἕνα εἰδικό.	Il faut que vous consultiez un spécialiste.
Θά ἤθελα νά πᾶτε στό νοσοκο- μεῖο γιά μία γενική ἐξέταση.	Il faut vous rendre à l'hôpital pour un examen complet.
Θά σᾶς δώσω ἕνα ἀντιβιοτικό.	Je vais vous prescrire un antibiotique.

MÉDECIN

PATIENT

Je suis diabétique.	Εἶμαι διαβητικός.	imè ðiavitikoss
Je suis cardiaque.	Εἶμαι καρδιακός.	imè karðiakoss
J'ai eu une crise cardiaque en...	Εἶχα μία καρδιακή προσβολή τό...	ikha mia karðiaki prozvoli to
Je suis allergique à...	Εἶμαι ἀλλεργικός στό...	imè alèryikoss sto
Voici le médicament que je prends d'habitude.	Αὐτό εἶναι τό συνηθισμένο φάρμακό μου.	afto inè to siniθizmèno farmako mou
J'ai besoin de ce médicament.	Χρειάζομαι αὐτό τό φάρμακο.	khriazomè afto to farmako
J'attends un enfant.	Περιμένω μωρό.	pèrimèno moro
Puis-je voyager?	Μπορῶ νά ταξιδέψω;	boro na taksiðèpso

MÉDECIN

Τί δόση ἰνσουλίνης παίρνετε;	Quelle dose d'insuline prenez-vous?
Ἔνεση ἤ ἀπό τό στόμα;	En injection ou par voie orale?
Τί θεραπεία ἔχετε κάνει;	Quel traitement avez-vous suivi?
Τί φάρμακα παίρνετε;	Quel médicament prenez-vous?
Πάθατε μιά (ἐλαφριά) καρδιακή προσβολή.	Vous avez eu une (légère) crise cardiaque.
Δέν χρησιμοποιοῦμε ... στήν Ἑλλάδα. Αὐτό εἶναι παρόμοιο.	Nous n'avons pas... en Grèce. Ceci est analogue.
Πότε περιμένετε μωρό;	Quand l'enfant doit-il naître?
Δέν μπορεῖτε νά ταξιδέψετε μέχρι τό...	Vous ne pouvez pas voyager avant...

MÉDECIN

PATIENT

2. Blessures

Pouvez-vous exami- ner ce/cette...?	Θά μπορούσατε νά ρίξετε μία ματιά...;	θa boroussatè na riksètè mia matia
ampoule	σ'αὐτή τή φουσκάλα	safti ti fouskala
blessure	σ'αὐτή τή πληγή	safti ti pliyi
bosse	σ'αὐτό τό ἐξόγκωμα	safto to èksonngghoma
brûlure	σ'αὐτό τό ἔγκαυμα	safto to èngghavma
contusion	σ'αὐτή τή μελανιά	safti ti mèlania
coupure	σ'αὐτό τό κόψιμο	safto to kopsimo
écorchure	σ'αὐτό τό γδάρσιμο	safto to gðarsimo
enflure	σ'αὐτό τό πρήξιμο	safto to priksimo
éruption	σ'αὐτό τό ἐξάνθημα	safto to èksannθima
furoncle	σ'αὐτό τό σπυρί	safto to spiri
piqûre	σ'αὐτό τό κέντρισμα	safto to kèndrizma
piqûre d'insecte	σ'αὐτό τό τσίμπημα τοῦ ἐντόμου	safto to tsimmbima tou èndomou
Je ne peux pas bouger... Cela me fait mal.	Δέν μπορῶ νά κουνή- σω τό ... μου. Πονᾶ.	ðèn boro na kounisso to...mou. pona

MÉDECIN

Μέρος 2 – Πληγές

Ἔχει μολυνθεῖ.	C'est infecté.
Δέν ἔχει μολυνθεῖ.	Il n'y a pas d'infection.
Ἕνας δίσκος σας ἔχει μετατοπιστεῖ.	Vous avez une hernie discale.
Θέλω νά κάνετε μία ἀκτινο- γραφία.	J'aimerais que vous vous fassiez radiographier.
Εἶναι...	C'est...
σπασμένο/στραμπουλιγμένο ἐξαρθρωμένο/ σχισμένο	cassé/foulé déboîté/déchiré
Θά σᾶς δώσω ἕνα ἀντισηπτικό. Δέν εἶναι σοβαρό.	Je vais vous donner un anti- septique. Ce n'est pas grave.
Θέλω νά ἔλθετε πάλι νά μέ δεῖτε σέ ... ἡμέρες.	Revenez me voir dans... jours.

PATIENT

3. Tension nerveuse

Je suis nerveux.	Εἶμαι πολύ νευρικός.	imè poli nèvrikoss
Je me sens déprimé.	Αἰσθάνομαι νευρική κατάπτωση.	èsθanomè nèvriki kataptossi
J'aimerais des somnifères.	Θέλω μερικά ὑπνωτικά χάπια.	θèlo mèrika ipnotika khapia
Je ne peux pas manger/dormir.	Δέν μπορῶ νά φάω/ κοιμηθῶ.	dèn boro na fao/kimiθo
J'ai des cauchemars.	Ἔχω ἐφιάλτες.	èkho èfialtèss
Pouvez-vous me prescrire un...?	Μπορεῖτε νά μοῦ δώσετε μία συνταγή γιά...;	boritè na mou dossètè mia sinndayi yia
calmant	ἕνα ἠρεμιστικό	èna irèmistiko
tranquillisant	ἕνα καταπραϋντικό	èna katapraïndiko
antidépressif	κάτι γιά τή νευρική κατάπτωση	kati yia ti nèvriki kataptossi

---

MÉDECIN

Μέρος 3— Νευρική ὑπερένταση

Ὑποφέρετε ἀπό νευρική ὑπερένταση.	Vous souffrez de tension nerveuse.
Χρειάζεστε ἀνάπαυση.	Vous avez besoin de repos.
Τί φάρμακα ἔχετε πάρει;	Quelles pilules avez-vous prises?
Πόσα τήν ἡμέρα;	Combien par jour?
Ἀπό πότε αἰσθάνεστε ἔτσι;	Depuis combien de temps vous sentez-vous ainsi?
Θά σᾶς δώσω μερικά χάπια.	Je vais vous prescrire des pilules.
Θά σᾶς δώσω ἕνα ἠρεμιστικό.	Je vais vous donner un calmant.

MÉDECIN

PATIENT

Ordonnances et posologie

Quelle sorte de médicament est-ce?	Τί εἶδους φάρμακο εἶναι αὐτό;	ti iðouss **fa**rmako inè afto
Combien de fois par jour faut-il le prendre?	Πόσες φορές τήν ἡμέρα νά τό παίρνω;	poss**èss** for**èss** tinn im**è**ra na to **pè**rno
Dois-je les avaler entiers?	Πρέπει νά τά καταπίνω ὁλόκληρα;	**prè**pi na ta katapino oloklira

Honoraires

Combien vous dois-je?	Πόσο σᾶς ὀφείλω;	posso sass o**fi**lo
Faut-il vous payer maintenant ou m'enverrez-vous la note?	Νά σᾶς πληρώσω τώρα ἤ θά μοῦ στείλετε τό λογαριασμό;	na sass pli**ro**sso **to**ra i θa mou **sti**lètè to logariaz**mo**
Merci de votre aide, Docteur.	Εὐχαριστῶ γιά τή βοήθεια, γιατρέ.	èf**kha**risto yia ti voiθia yia**trè**

MÉDECIN

Συνταγές καί δόσεις

Νά παίρνετε ... κουταλάκια κάθε ... ὧρες ἀπό αὐτό τό φάρμακο.	Prenez ... cuillères à café de ce médicament toutes les ... heures.
Νά παίρνετε ... χάπια μέ ἕνα ποτήρι νερό...	Prenez ... pilules avec un verre d'eau...
... φορές τήν ἡμέρα	... fois par jour
πρίν ἀπό κάθε γεῦμα	avant chaque repas
μετά ἀπό κάθε γεῦμα	après chaque repas
τό πρωΐ	le matin
τό βράδυ	le soir

Ἀμοιβή

Εἶναι ... δραχμές, παρακαλῶ.	Cela fera... drachmes, s.v.p.
Πληρῶστε με τώρα, παρακαλῶ.	Veuillez me payer maintenant, s.v.p.
Θά σᾶς στείλω τό λογαριασμό.	Je vous enverrai ma note.

Dentiste

Pouvez-vous me recommander un bon dentiste?	Μπορεῖτε νά μοῦ συστήσετε ἕνα καλό ὀδοντογιατρό;	boritè na mou sistissètè èna kalo oδonndoyiatro
Puis-je prendre un rendez-vous (urgent) chez le Dr...?	Μπορῶ νά κλείσω ἕνα (ἐπεῖγον) ραντεβού γιά νά δῶ τό Γιατρό...;	boro na klisso èna (èpiyonn) ranndèvou yia na δo to yiatro
Ne serait-il pas possible d'obtenir un rendez-vous plus tôt?	Θά ἦταν δυνατό νά γίνει νωρίτερα;	θa itann δinato na yini noritèra
J'ai mal aux dents.	Ἔχω πονόδοντο.	èkho ponoδonndo
J'ai un abcès.	Ἔχω ἕνα ἀπόστημα.	èkho èna apostima
Cette dent me fait mal.	Αὐτό τό δόντι μέ πονάει.	afto to δonndi mè pona i
en haut	στή κορυφή	sti korifi
en bas	στή ρίζα	sti riza
devant	ἐμπρός	èmbross
derrière	πίσω	pisso
Pouvez-vous me donner des soins provisoires?	Μπορεῖτε νά τό σφραγίσετε προσωρινά;	boritè na to sfrayissètè prossorina
Je ne veux pas que vous l'arrachiez.	Δέν θέλω νά τό βγάλετε.	δèn θèlo na to vgalètè
J'ai perdu un plombage.	Ἔφυγε ἕνα σφράγισμα.	èfiye èna sfrayizma
La gencive est très irritée.	Τό οὖλος εἶναι ἐρεθισμένο.	to ouloss inè èrèθizmèno
La gencive saigne.	Τό οὖλος αἱμορραγεῖ.	to ouloss èmorayi

Dentiers

J'ai cassé mon dentier.	Ἔσπασα αὐτή τήν ὀδοντοστοιχία.	èspassa afti tinn oδonndostikhia
Pouvez-vous me réparer ce dentier?	Μπορεῖτε νά ἐπιδιορθώσετε αὐτή τήν ὀδοντοστοιχία;	boritè na èpiδiorθossètè afti tinn oδonndostikhia
Quand sera-t-il prêt?	Πότε θά εἶναι ἕτοιμη;	potè θa inè ètimi

Opticien

J'ai cassé mes lunettes.	Ἔσπασα τά γυαλιά μου.	èspassa ta yialia mou
Pouvez-vous me les réparer?	Μπορεῖτε νά μοῦ τά ἐπιδιορθώσετε;	boritè na mou ta èpiðiorθossètè
Quand seront-elles prêtes?	Πότε θά εἶναι ἕτοιμα;	potè θa inè ètima
Pouvez-vous me changer les verres?	Μπορεῖτε νά ἀλλάξετε τούς φακούς;	boritè na alaksètè touss fakouss
J'aimerais des verres de contact.	Θέλω φακούς ἐπαφῆς.	θèlo fakouss èpafiss
J'aimerais des verres teintés.	Θέλω φακούς φυμέ.	θèlo fakouss fimè
J'aimerais des lunettes de soleil.	Θά ἤθελα γυαλιά ἡλίου.	θa iθèla yialia iliou
J'aimerais des jumelles.	Θά ἤθελα νά ἀγοράσω ἕνα ζευγάρι κυάλια.	θa iθèla na agorasso èna zèvgari kialia
Combien vous dois-je?	Πόσο σᾶς ὀφείλω;	posso sass ofilo
Faut-il vous payer maintenant ou m'enverrez-vous la facture?	Θά σᾶς πληρώσω τώρα ἤ θά μοῦ στείλετε τό λογαριασμό;	θa sass plirosso tora i θa mou stilètè to logariazmo

Renseignements divers

D'où venez-vous?

Cette page vous aidera à expliquer d'où vous venez, où vous êtes allés et où vous comptez vous rendre.

Afrique	Ἀφρική	afriki
Allemagne	Γερμανία	yèrmania
Albanie	Ἀλβανία	alvania
Amérique du Nord	Βόρειος Ἀμερική	vorioss amèriki
Amérique du Sud	Νότιος Ἀμερική	notioss amèriki
Angleterre	Ἀγγλία	anngghlia
Asie	Ἀσία	assia
Australie	Αὐστραλία	afstralia
Autriche	Αὐστρία	afstria
Belgique	Βέλγιο	vèlyio
Bulgarie	Βουλγαρία	voulgaria
Canada	Καναδᾶς	kanadass
Chine	Κίνα	kina
Chypre	Κύπρος	kipross
Espagne	Ἰσπανία	ispania
Etats-Unis	Ἡνωμένες Πολιτεῖες	inomènèss politièss
Europe	Εὐρώπη	èvropi
France	Γαλλία	galia
Grande-Bretagne	Μεγάλη Βρεττανία	mègali vrètania
Grèce	Ἑλλάς	èlass
Hollande	Ὁλλανδία	olannðia
Hongrie	Οὐγγαρία	ounggharia
Inde	Ἰνδίες	innðièss
Irlande	Ἰρλανδία	irlannðia
Israël	Ἰσραήλ	israïl
Italie	Ἰταλία	italia
Japon	Ἰαπωνία	iaponia
Luxembourg	Λουξεμβοῦργο	louksèmvourgo
Roumanie	Ρουμανία	roumania
Scandinavie	Σκανδιναυία	skannðinavia
Suisse	Ἑλβετία	èlvètia
Tchécoslovaquie	Τσεχοσλοβακία	tsèkhoslovakia
Turquie	Τουρκία	tourkia
URSS	Σοβιετική Ἕνωση	soviètiki ènossi
Yougoslavie	Γιουγκοσλαβία	yioughoslavia

Nombres

0	μηδέν	miðèn
1	ἕνας, μία, ἕνα	ènass, mia, èna
2	δύο	ðio
3	τρία	tria
4	τέσσερα	tèssèra
5	πέντε	pèndè
6	ἕξη	èksi
7	ἑπτά	èpta
8	ὀκτώ	okto
9	ἐννιά	ènia
10	δέκα	ðèka
11	ἕντεκα	èndèka
12	δώδεκα	ðoðèka
13	δεκατρία	ðèkatria
14	δεκατέσσερα	ðèkatèssèra
15	δεκαπέντε	ðèkapèndè
16	δεκαέξη	ðèkaèksi
17	δεκαεπτά	ðèkaèpta
18	δεκαοκτώ	ðèkaokto
19	δεκαεννιά	ðèkaènia
20	εἴκοσι	ikossi
21	εἴκοσι ἕνα	ikossi èna
22	εἴκοσι δύο	ikossi ðio
23	εἴκοσι τρία	ikossi tria
24	εἴκοσι τέσσερα	ikossi tèssèra
25	εἴκοσι πέντε	ikossi pèndè
26	εἴκοσι ἕξη	ikossi èksi
27	εἴκοσι ἑπτά	ikossi èpta
28	εἴκοσι ὀκτώ	ikossi okto
29	εἴκοσι ἐννιά	ikossi ènia
30	τριάντα	triannda
31	τριάντα ἕνα	triannda èna
32	τριάντα δύο	triannda ðio
33	τριάντα τρία	triannda tria
40	σαράντα	sarannda
41	σαράντα ἕνα	sarannda èna
42	σαράντα δύο	sarannda ðio
43	σαράντα τρία	sarannda tria
50	πενήντα	peninnda
51	πενήντα ἕνα	pèninnda èna
52	πενήντα δύο	pèninnda ðio
53	πενήντα τρία	pèninnda tria
60	ἑξήντα	èksinnda
61	ἑξήντα ἕνα	èksinnda èna
62	ἑξήντα δύο	èksinnda ðio

63	ἑξήντα τρία	èksinnda tria
70	ἑβδομήντα	èvðominnda
71	ἑβδομήντα ἕνα	èvðominnda èna
72	ἑβδομήντα δύο	èvðominnda ðio
73	ἑβδομήντα τρία	èvðominnda tria
80	ὀγδόντα	ogðonnda
81	ὀγδόντα ἕνα	ogðonnda èna
82	ὀγδόντα δύο	ogðonnda ðio
83	ὀγδόντα τρία	ogðonnda tria
90	ἐνενῆντα	ènèninnda
91	ἐνενῆντα ἕνα	ènèninnda èna
92	ἐνενῆντα δύο	ènèninnda ðio
93	ἐνενῆντα τρία	ènèninnda tria
100	ἑκατό	èkato
101	ἑκατόν ἕνα	èkatonn èna
102	ἑκατόν δύο	èkatonn ðio
110	ἑκατόν δέκα	èkatonn ðèka
120	ἑκατόν εἴκοσι	èkatonn ikossi
130	ἑκατόν τριάντα	èkatonn triannda
140	ἑκατόν σαράντα	èkatonn sarannda
150	ἑκατόν πενήντα	èkatonn pèninnda
160	ἑκατόν ἑξήντα	èkatonn èksinnda
170	ἑκατόν ἑβδομήντα	èkatonn èvðominnda
180	ἑκατόν ὀγδόντα	èkatonn ogðonnda
190	ἑκατόν ἐνενῆντα	èkatonn ènèninnda
200	διακόσια	ðiakossia
300	τριακόσια	triakossia
400	τετρακόσια	tètrakossia
500	πεντακόσια	pèndakossia
600	ἑξακόσια	èksakossia
700	ἑπτακόσια	èptakossia
800	ὀκτακόσια	oktakossia
900	ἐννιακόσια	èniakossia
1000	χίλια	khilia
1100	χίλια ἑκατό	khilia èkato
1200	χίλια διακόσια	khilia ðiakossia
2000	δύο χιλιάδες	ðio khiliaðèss
5000	πέντε χιλιάδες	pèndè khiliaðèss
10000	δέκα χιλιάδες	ðèka khiliaðèss
50000	πενήντα χιλιάδες	pèninnda khiliaðèss
100000	ἑκατό χιλιάδες	èkato khiliaðèss
1000000	ἕνα ἑκατομμύριο	èna èkatomirio
1000000000	ἕνα δισεκατομμύριο	èna ðissèkatomirio

premier	πρῶτος, πρώτη, πρῶτο	protoss, proti, proto
deuxième	δεύτερος, -η, -ο	ðèftèross, -i, -o
troisième	τρίτος, -η, -ο	tritoss, -i, -o
quatrième	τέταρτος, -η, -ο	tètartoss, -i, -o
cinquième	πέμπτος, -η, -ο	pèmbtoss, -i, -o
sixième	ἕκτος, -η, -ο	èktoss, -i, -o
septième	ἕβδομος, -η, -ο	èvðomoss, -i, -o
huitième	ὄγδοος, -η, -ο	ogðooss, -i, -o
neuvième	ἔνατος, -η, -ο	ènatoss, -i, -o
dixième	δέκατος, -η, -ο	ðèkatoss, -i, -o

une fois	μία φορά	mia fora
deux fois	δύο φορές	ðio forèss
trois fois	τρεῖς φορές	triss forèss

une moitié	μισό	misso
la moitié d'un/d'une...	μισός...	missos
la moitié de...	τό μισό τοῦ...	to misso tou
demi(e) (adj.)	μισός, -ή, -ό	missos, -i, -o
un quart	ἕνα τέταρτο	èna tètarto
un tiers	ἕνα τρίτο	èna trito
une paire de	ἕνα ζευγάρι	èna zèvgari
une douzaine	μία δωδεκάδα	mia ðoðèkaða

1985	χίλια ἐννιακόσια ὀγδόντα πέντε	khilia èniakossia ogðonnda pèndè
1987	χίλια ἐννιακόσια ὀγδόντα ἐπτά	khilia èniakossia ogðonnda èpta
1990	χίλια ἐννιακόσια ἐνενήντα	khilia èniakossia ènèninnda

RENSEIGNEMENTS DIVERS

Le temps passe

δώδεκα καί τέταρτο
(δοδèκα kè tètarto)

μία καί είκοσι
(mia kè ikossi)

δύο καί είκοσι πέντε
(δio kè ikossi pèndè)

τρεῖς καί μισή
(triss kè missi)

πέντε παρά είκοσι πέντε
(pèndè para ikossi pèndè)

ἔξη παρά είκοσι
(èksi para ikossi)

έπτά παρά τέταρτο
(èpta para tètarto)

όκτώ παρά δέκα
(okto para δèka)

έννιά παρά πέντε
(ènia para pèndè)

δέκα
(δèka)

ἔντεκα καί πέντε
(èndèka kè pèndè)

δώδεκα καί δέκα
(δοδèκα kè δèka)

Expressions utiles

Quelle heure est-il?	Τί ὥρα εἶναι;	ti ora inè
Il est...	Εἶναι...	inè
Pardon. Pouvez-vous m'indiquer l'heure?	Μέ συγχωρεῖτε. Μπορεῖτε νά μοῦ πεῖτε τί ὥρα εἶναι;	mè sinngkhoritè. boritè na mou pitè ti ora inè
Je vous rencontrerai demain à...	Θά σᾶς συναντήσω στίς ... αὔριο.	θa sass sinanndiesso stiss... avrio
Veuillez excuser mon retard.	Μέ συγχωρεῖτε πού ἄργησα.	mè sinngkhoritè pou aryissa
A quelle heure ouvre...?	Τί ὥρα ἀνοίγει ὁ...;	ti ora aniyi o
A quelle heure ferme...?	Τί ὥρα κλείνει ὁ...;	ti ora klini o
Combien de temps cela durera-t-il?	Πόση ὥρα θά διαρκέσει;	possi ora θa διarkèssi
A quelle heure cela se terminera-t-il?	Τί ὥρα θά τελειώσει;	ti ora θa tèliossi
A quelle heure dois-je venir?	Τί ὥρα πρέπει νά εἶμαι ἐδῶ;	ti ora prèpi na imè èδo
A quelle heure arriverez-vous?	Τί ὥρα θά εἶστε ἐκεῖ;	ti ora θa istè èki
Puis-je venir...?	Μπορῶ νά ἔλθω...;	boro na èlθo
à 8 h./à 2 h. 30	στίς 8/στίς 2.30	stiss 8/stiss 2.30
après/plus tard	μετά/ἀργότερα	mèta/argotèra
avant/plus tôt	πρίν/νωρίτερα	prinn/noritèra
tôt	νωρίς	noriss
à l'heure	στήν ὥρα	stinn ora
tard	ἀργά	arga
minuit	μεσάνυκτα	mèssanikta
midi	μεσημέρι	mèssimèri
heure	ὥρα	ora
minute	λεπτό	lèpto
seconde	δευτερόλεπτο	δèftèrolèpto
quart d'heure	τέταρτο τῆς ὥρας	tètarto tiss orass
demi-heure	μισή ὥρα	missi ora

RENSEIGNEMENTS DIVERS

Ligne de changement de date

Heure Europe Est

Heure Europe Centrale

Heure Europe Ouest (G.M.T.)

| 1 | 2 | 3 | 4 | 5 | 6 | 7 | 8 | 9 | 10 | 11 Midi | 13 | 14 | 15 | 16 | 17 | 18 | 19 | 20 | 21 | 22 | 23 Minuit |

Pays ayant adopté une heure différente de celle de la zone correspondante. En Union Soviétique, l'heure officielle est avancée de 60 minutes. Durant l'été bien des pays sont en avance d'une heure sur le reste de l'année.

Jours

Quel jour sommes-nous?	Τί ἡμέρα εἶναι σήμερα;	ti imèra inè simèra
C'est dimanche.	**Εἶναι Κυριακή.**	inè kiriaki
lundi	Δευτέρα	ðèftèra
mardi	Τρίτη	triti
mercredi	Τετάρτη	tètarti
jeudi	Πέμπτη	pèmbti
vendredi	Παρασκευή	paraskèvi
samedi	Σάββατο	savato
le matin	τό πρωΐ	to proï
l'après-midi	τό ἀπόγευμα	to apoyèvma
le soir	τό βράδυ	to vraði
la nuit	τή νύκτα	ti nikta
avant-hier	προχθές	prokhθèss
hier	χθές	khθèss
aujourd'hui	σήμερα	simèra
demain	αὔριο	avrio
après-demain	μεθαύριο	mèθavrio
la veille	ἡ προηγούμενη ἡμέρα	i proïgoumèni imèra
le lendemain	ἡ ἑπόμενη ἡμέρα	i èpomèni imèra
il y a deux jours	πρίν δύο ἡμέρες	prinn ðio imèrèss
dans trois jours	σέ τρεῖς ἡμέρες	sè triss imèrèss
la semaine dernière	ἡ περασμένη ἑβδομάδα	i pèrazmèni èvðomaða
la semaine prochaine	ἡ ἑπόμενη ἑβδομάδα	i èpomèni èvðomaða
anniversaire	τά γενέθλια	ta yènèθlia
jour	ἡ ἡμέρα	i imèra
jour de congé	ἡ ἄδεια	i aðia
jour férié	ἡ ἀργία	i aryia
vacances	οἱ διακοπές	i ðiakopèss
mois	ὁ μήνας	o minass
semaine	ἡ ἑβδομάδα	i èvðomaða
jour de la semaine	ἡ ἡμέρα τῆς ἑβδομάδας	i imèra tiss èvðomaðass
fin de semaine	τό Σαββατοκύριακο	to savatokiriako
jour ouvrable	ἡ ἐργάσιμη ἡμέρα	i èrgassimi imèra

Mois

janvier	'Ιανουάριος	ianouarioss
février	Φεβρουάριος	fèvrouarioss
mars	Μάρτιος	martioss
avril	'Απρίλιος	aprilioss
mai	Μάϊος	maïoss
juin	'Ιούνιος	iounioss
juillet	'Ιούλιος	ioulioss
août	Αὔγουστος	avgoustoss
septembre	Σεπτέμβριος	sèptèmvrioss
octobre	'Οκτώβριος	oktovrioss
novembre	Νοέμβριος	noèmvrioss
décembre	Δεκέμβριος	dèkèmvrioss
depuis le mois de juin	ἀπό τόν 'Ιούνιο	apo tonn iounio
pendant le mois d'août	κατά τή διάρκεια τοῦ Αὐγούστου	kata ti diarkia tou avgoustou
le mois dernier	ὁ περασμένος μήνας	o pèrazmènoss minass
le mois prochain	ὁ ἐρχόμενος μήνας	o èrkhomènoss minass
le mois précédent	ὁ προηγούμενος μήνας	o proïgoumènoss minass
le mois suivant	ὁ ἐπόμενος μήνας	o èpomènoss minass
le 1er juillet	πρώτη 'Ιουλίου	proti iouliou
le 17 mars	δεκαεπτά Μαρτίου	dèkaèpta martiou

Les en-têtes de lettres s'écrivent de cette manière:

'Αθήνα, 17 Αὐγούστου 19..	Athènes, le 17 août 19..
Πειραιεάς, 1η 'Ιουλίου 19..	Le Pirée, le 1er juillet 19..

Saisons

printemps	ἡ ἄνοιξη	i aniksi
été	τό καλοκαίρι	to kalokèri
automne	τό φθινόπωρο	to fthinoporo
hiver	ὁ χειμώνας	o khimonass
au printemps	τήν ἄνοιξη	tinn aniksi
pendant l'été	κατά τή διάρκεια τοῦ καλοκαιριοῦ	kata ti diarkia tou kalokèriou
en automne	τό φθινόπωρο	to fthinoporo
pendant l'hiver	κατά τή διάρκεια τοῦ χειμώνα	kata ti diarkia tou khimona

Jours fériés

Voici la liste des principaux jours fériés en Grèce. Les banques, les bureaux et les magasins sont alors fermés.

1er janvier	Nouvel An
6 janvier	Epiphanie
25 mars	Fête de l'indépendance nationale
1er mai	Fête du Travail
15 août	Assomption
28 octobre	Journée du «Non»; entrée de la Grèce dans la seconde guerre mondiale.
25 décembre	Noël
26 décembre	Saint-Etienne

Fêtes religieuses à dates mobiles: Lundi du Jeûne (1er jour de Carême), Vendredi Saint, Lundi de Pâques. Les dates de célébration de ces fêtes diffèrent souvent de celles d'Europe occidentale.

Tout au long de l'année...

Voici les températures moyennes (en degrés centigrades) relevées dans quelques villes grecques.

	Athènes	Salonique	Jannina	Rhodes
Janvier	11	3	4	13
Février	14	10	11	16
Mars	17	13	13	19
Avril	20	16	17	22
Mai	23	21	22	25
Juin	28	26	27	31
Juillet	32	29	31	34
Août	34	32	32	36
Septembre	27	26	25	32
Octobre	21	18	18	27
Novembre	15	10	11	19
Décembre	10	4	6	15

Abréviations courantes

Voici quelques abréviations grecques que vous rencontrerez
probablement.

Α.Π.	Ἀστυνομία Πόλεων	Police municipale
ἀρ.	ἀριθμός	Numéro (rue)
ἀρσ.	ἀρσενικό	masculin
Δ.Ε.Η.	Δημοσία Ἐπιχείρησις Ἠλεκτρισμοῦ	Compagnie publique d'électricité
δηλ.	δηλαδή	c'est-à-dire
Διδα.	Δεσποινίδα	Mademoiselle (dans une lettre)
Δις.	Δεσποινίς	Mademoiselle
δρχ.	δραχμαί	drachmes
Ε.Ε.Σ.	Ἑλληνικός Ἐρυθρός Σταυρός	Croix-Rouge grecque
Ε.Λ.Π.Α.	Ἑλληνική Λέσχη Περιηγήσεως καί Αὐτοκινήτου	Automobile et Touring-Club de Grèce
ΕΛ.ΤΑ.	Ἑλληνικά Ταχυδρομεῖα	Poste grecque
Ε.Ο.Τ.	Ἑλληνικός Ὀργανισμός Τουρισμοῦ	Organisation du Tourisme Grec
θηλ.	θηλυκό	féminin
Ι.Κ.Α.	Ἴδρυμα Κοινωνικῶν Ἀσφαλίσεων	Fond d'Assurances Sociales
Κ., κ., Κος.	Κύριος	Monsieur
Κα.	Κυρία	Madame
Καν.	Κυρίαν	Madame (dans une lettre)
κλπ.	καί τά λοιπά	etc.
Κον.	Κύριον	Monsieur (dans une lettre)
Λεωφ.	Λεωφόρος	avenue
Ὀδ.	Ὀδός	rue
Ο.Σ.Ε.	Ὀργανισμός Σιδηροδρόμων Ἑλλάδος	Compagnie des Chemins de fer grecs
Ο.Τ.Ε.	Ὀργανισμός Τηλεπικοινωνιῶν Ἑλλάδος	Compagnie grecque des télécommunications
οὐδ.	οὐδέτερο	neutre
Τ.Α.	Τουριστική Ἀστυνομία	Police Touristique
τηλ.	τηλέφωνο	téléphone
χλμ.	χιλιόμετρα	kilomètres

Que signifient ces inscriptions?

Vous verrez certainement quelques-uns de ces panneaux au cours de votre voyage.

Ἀνδρῶν	Hommes
Ἀνελκυστήρας	Ascenseur
Ἀνοικτό	Ouvert
Ἀπαγορεύεται...	...interdit
Ἀπαγορεύεται ἡ εἴσοδος	Entrée interdite
Ἀπαγορεύεται τό κάπνισμα	Défense de fumer
Γυναικῶν	Dames
Εἰσέλθετε χωρίς νά κτυπήσετε	Entrez sans frapper
Εἴσοδος	Entrée
Εἴσοδος ἐλευθέρα	Entrée libre
Ἐκπτώσεις	Soldes
Ἐλεύθερο	Libre
Ἐνοικιάζεται	A louer
Ἐξαντλήθηκε	Stock épuisé
Ἔξοδος	Sortie
Ἔξοδος κινδύνου	Sortie de secours
Ζεστό	Chaud
Ἰδιωτικός	Privé
Ἰδιωτικός δρόμος	Chemin privé
Καπνίζοντες	Fumeurs
Κατειλημμένο	Réservé
Κατειλημμένο	Occupé
Κίνδυνος	Danger
Κίνδυνος θάνατος	Danger de mort
Κλειστό	Fermé
Κρῦο	Froid
Μήν ἐγγίζετε	Ne pas toucher
Μικρες ἀγγελίες	Petites annonces
Οἱ παραβάτες θά διωχτοῦν	Les contrevenants seront poursuivis
Παρακαλῶ, κτυπῆστε τό κουδούνι	Prière de sonner
Πληροφορίες	Renseignements
Προειδοποίηση	Avis
Προσοχή	Attention
Προσοχή σκύλος	Attention au chien
Πωλεῖται	A vendre
Σύρατε	Tirez
Ταμεῖο	Caisse
Χῶρος γιά ποδηλάτες	Piste cyclable
Ὠθήσατε	Poussez

Urgences

En cas d'urgence, il est évidemment trop tard pour chercher dans l'énumération ci-dessous l'expression adéquate. Vous aurez donc intérêt à parcourir cette petite liste à l'avance, et, pour plus de sécurité, à retenir les expressions écrites en majuscules.

Allez vite me chercher du secours	Φέρτε βοήθεια γρήγορα	fèrtè voïθia grigora
Allez-vous-en	Φύγετε	fiyètè
Appelez la police	Καλέστε τήν ἀστυνομία	kalèstè tinn astinomia
Appelez un médecin	Καλέστε ἕνα γιατρό	kalèstè èna yiatro
ARRÊTEZ	ΣΤΑΜΑΤΗΣΤΕ	stamatistè
Arrêtez-vous ici	Σταματῆστε ἐδῶ	stamatistè èðo
Arrêtez cet homme	Σταματῆστε αὐτό τόν ἄνθρωπο	stamatistè afto tonn annθropo
Arrêtez ou je crie	Σταματῆστε ἤ θά φωνάξω	stamatistè i θa fonakso
ATTENTION	ΠΡΟΣΟΧΗ	prossokhi
Au feu	Φωτιά	fotia
AU SECOURS	ΒΟΗΘΕΙΑ	voïθia
Au voleur	Σταματῆστε τόν κλέφτη	stamatistè tonn klèfti
Danger	Κίνδυνος	kinnðinoss
Dépêchez-vous	Κάνετε γρήγορα	kanètè grigora
Ecoutez	Ἀκοῦστε	akoustè
Ecoutez-moi	Ἀκοῦστε με	akoustè mè
Entrez	Ἐμπρός	èmbross
Etendez-vous	Ξαπλωθῆτε	ksaploθitè
HALTE	ΑΛΤ	alt
J'ai perdu mon/ma...	Ἔχασα τό/τή ... μου	èkhassa to/ti...mou
Je suis malade	Εἶμαι ἄρρωστος	imè arostoss
Je suis égaré	Ἔχω χαθεῖ	èkho khaθi
Laissez-moi tranquille	Ἀφῆστε με ἥσυχη/ ἥσυχο	afistè mè issikhi/issikho
POLICE	ΑΣΤΥΝΟΜΙΑ	astinomia
Regardez	Κυττάξτε	kitakstè
Venez	Ἐλᾶτε ἐδῶ	èlatè èðo
vite	Γρήγορα	grigora

ACCIDENTS DE VOITURE, voir page 149

Numéros d'urgence

Ambulance _____

Service du feu _____

Police _____

Votre bloc-notes

Ambassade _____

Consulat _____

Taxi _____

Information aérienne _____

Agence de voyage _____

Hôtel _____

Restaurant _____

RENSEIGNEMENTS DIVERS

Dépenses

Date	Entretien	Distractions	Divers	Essence

Aide-mémoire

Numéro du passeport _____

_____

Compte courant _____

Carte de crédit _____

Numéro de la police d'assurance: _____

    Vie _____

    Voyage _____

    Véhicule _____

Carte de la sécurité sociale: _____

    (AVS-AI) _____

Carte grise _____

Permis de conduire _____

Numéro du châssis _____

Groupe sanguin _____

_____

_____

_____

_____

_____

_____

_____

Index

Expressions indispensables

S'il vous plaît.	Παρακαλῶ.	parakalo
Merci.	Εὐχαριστῶ.	èfkharisto
Oui/Non.	Ναί/"Οχι.	nè/okhi
Excusez-moi.	Μέ συγχωρεῖτε.	mè sinngkhoritè
(Garçon), s'il vous plaît!	Παρακαλῶ.	parakalo
Combien coûte cela?	Πόσο κάνει αὐτό;	posso kani afto
Où sont les toilettes?	Ποῦ εἶναι οἱ τουαλέττες;	pou inè i toualètèss

Τουαλέττες (toualètèss)

| ΑΝΔΡΩΝ (annðronn) | ΓΥΝΑΙΚΩΝ (yinèkonn) |

Où se trouve l'ambassade française/belge/suisse/canadienne?	Ποῦ εἶναι ἡ Γαλλική/Βελγική/ Ἑλβετική/Καναδική Πρεσβεία;	pou inè i galiki/vèlyiki/ èlvètiki kanaðiki prèzvia
Où se trouve le consulat français/belge/suisse?	Ποῦ εἶναι τό Γαλλικό/ Βελγικό/Ἑλβετικό Προξενεῖο;	pou ine to galiko/vèlyiko/ èlvètiko proksènio
Je me suis égaré.	"Σχω χαθεῖ.	èkho khaθi
Aidez-moi, s'il vous plaît.	Βοηθῆστε με, παρακαλῶ.	voïθistè mè parakalo
Qu'est-ce que cela veut dire? Je ne comprends pas.	Τί σημαίνει αὐτό; Δέν καταλαβαίνω.	ti simèni afto? ðèn katalavèno
Parlez-vous français?	Μιλᾶτε Γαλλικά;	milatè galika